# 自己陶冶と公的討論

## J.S.ミルが描いた市民社会

樫本直樹 著

大阪大学出版会

# 目次

# 凡　例

ミルの著作からの引用は *The Collected Works of John Stuart Mill*, 33vols., ed J. M. Robson, University of Toronto Press, 1963-1991（以下、*CW* と略記し、アラビア数字で巻数を記す）から行う。主な著作や論文の引用においては、以下の略記号とページ数で示す。

OL : *On Liberty* : *CW* 18
U : *Utilitarianism* : *CW* 10
CRG : *Consideration on Representative Government* : *CW* 19
A : *Autobiography* : *CW* 1
SL : *A System of Logic* : *CW* 7-8
PE : *Principles of Political Economy* : *CW* 2-3
RBP : Remarks on Bentham's Philosophy : *CW* 10
B : Bentham : *CW* 10
TD(1) : De Tocqueville on Democracy in America [I]（1835）: *CW*18
SA : Inaugural Address Delivered to the University of St. Andrews : *CW* 21

G : On Genius : *CW* 1

また訳出に際しては、以下に示す文献を参照したが、必要に応じて変更した部分もある。

関嘉彦責任編集『世界の名著四九　ベンサム／J・S・ミル』中央公論新社　一九七九年
水田洋訳『代議制統治論』岩波文庫　一九九七年
山下一重訳注『評注　ミル自伝』御茶の水書房　二〇〇三年
大関将一訳『論理学体系』六巻、春秋社　一九五九年
末永茂喜訳『経済学原理』五分冊、岩波文庫　一九六一年
杉原四郎・山下重一編『J・S・ミル初期著作集　第一‐四巻』御茶の水書房　一九七九‐一九九七年
竹内一誠訳『ミルの大学教育論』御茶の水書房　一九八三年
川名雄一郎・山本圭一郎訳『J・S・ミル　功利主義論集』京都大学出版会　二〇一〇年

# はじめに

ジョン・スチュアート・ミル（John Stuart Mill 一八〇六－一八七三年、以下ミル）は、経済、政治、道徳、論理学など多岐にわたる領域で活躍した、十九世紀のイギリスを代表する思想家である。ミルは自らの生きた時代が突きつけてくるさまざまな問題や課題を真剣に受けとめ、それらに対して先験的な能力や原則などに訴えるのではなく、現実の社会の状況と人びとの状態の中から解決の方向性を見出そうとしていた。さまざまな問題をめぐる主張を通して、私たちによく知られているミルは、古典的功利主義者としてのミルであり、また古典的自由主義者としてのミルである。そして、この両方の立場の関係がこの本においても大きな関心ではある。

ジェレミー・ベンサム（一七四八－一八三二年、以下ベンサム）が確立し、その後ミルが修正したとされる古典的功利主義とは、当時の法制、政治、社会の改革を目指した運動であり、その基礎を支える倫理思想であった。功利主義は、功利（utility）の概念を用い、善悪あるいは正不正を区別することによって道徳判断の基礎を確立しようとした。その特徴として、行為の正しさないし善悪を、行為から生じる結果によって判断する「結果主義」、それ自体において善であるのは快楽（幸福）のみと考える「快楽主義」、そして「最大多数の最大幸福」、つまり個々人にとっての幸福ではなく、その総和としての社会全体の幸福を道徳や社会制度の判断基準とするという意味での「総和主義」の三つをひとまず挙げることができる。功利主義は、当時の脱宗教化していく西欧社会において、宗教的権威や神秘主義的な要素に依存せずに、道徳的問題に応えようとする理論としてもっとも有力なものの一つであった[1]。

また、『自由論』で提示された「危害原理[2]」は、他者への危害の有無により、個人に対する法的ないし社会的な干渉、および権力の行使の限界を明らかにすることによって、個人の自由の領域を確保する。この個人の自由、ミルの言葉を使うならば市民的／社会的自由の擁護は、自由放任を求める個人主義的な古典的自由主義の特徴をもつと言える。

このミルの二つの立場、つまり功利主義と自由主義との関係（結局のところ、ミルの功利主義）については、これまでミルを時代遅れの、折衷的な思想家とみなし、体系的な一貫性がないと解釈する伝統派と、緻密なテキスト解釈に基づき、理論的な体系性と一貫性をもった思想家としてミルを解釈しようとする修正派とのあいだで、さまざまな議論ないし研究がなされてきた[3]。

この本では、こうした議論も念頭に置きつつ、とくにミルの自由に関する議論に注目し、彼が描く自由な社会、すなわち「市民社会」を明らかにしていきたいと思う。つまり、ミルがさまざまな著作において展開している、一見すると異なる主張を通して、どういう社会を描こうとし、その核にどのような関心があったのかを明らかにしていきたい。

これまでミル研究においては、ミルの功利主義の正当性や善と正との関係、自由と功利との関係を倫理的側面から考察するもの、また、ミルの自由主義や民主主義をめぐる議論と現代との関連を政治的な側面から考察する研究は多かったが、具体的に「市民」や「参加」という現代市民社会のかかえる今日的課題と重ね合わせてミルの思想を再検討するものは少なかったように思われる。それゆえ、以下でおこなうような、自由の議論を中心とした「市民」や「参加」をめぐる問題と彼の功利主義との関係から、ミルが理想とする市民社会を考察することには一定の意味があると思われる。

この本は基本的に博士論文をベースにしているが、論文を書くにあたって、学生時代に抱いていた問題関心は以下の二つであった。

まず、一つ目は、現代における「自己決定権」に関する議論の源流として取りあげられることの多いミルにかかわる。先に、ミルの自由主義には自由放任の個人主義的な特徴があると述べたが、ミルが「危害原理」によって、政府ないし社会から干渉されないという意味での自由を、つまり「消極的自由」を擁護している、という解釈がなされる。(4) 確かに、ミルはこの消極的自由を擁護しているが、この解釈はしばしば、他者に「危害」を加えないかぎり(他者の権利を侵害しないかぎり)、各人が何をしようとも、その自由は許されなければならないという解釈へとつながり、現代のさまざまな問題における「自己決定」および「個人の自律」の根拠として持ち出される(そして、ミルの役目はここまでである）。もちろん、ここで前提とされている自己決定の主体、あるいは自律した個人をミルが望ましいと考えているということには同意するが、ミルの自由に関する主張をこの観点にのみ集約することは、ミルの解釈としては狭すぎるように思われる。つまり、こうした主張にのみに基づく社会は、おそらくミルの思い描く社会とはかなり異なるのではないか、という疑念がある。

次に二つ目として、先の個人の自由に関する解釈が極端すぎるにしても、個人の自由を最優先する主張は、私たちにとって現在避けて通ることのできない問題である環境問題と対立するのではないか、という疑念である。ここで環境問題が何なのかについては詳しく論じないが、その特徴として、ある問題が一地域の問題ではなく地球全体の問題となること、他の地域にまたがるゆえに国家間の問題となること、原因の特定が困難であること、などを挙げることができる。そして、あえて単純化して言うと、そうした環境問題を引き起こし、またそれへの取り組みを難しくしている原因の小さくない部分を占めているのが、現代の政治、経済、社会が基づいている自由主義の考え方である。つまり、環境問題とは、その意味で、自由主義というシステムそのものが問われている、そういう問題であると言える。もちろん、現代において、自由主義あるいはリベラリズムという言葉(5)は、非常に多義的で、多様な文脈にまたがるゆえに、十把一絡げに論じることはできない。ましてや、ミルの古典的自由主義を含めるとなると、なおさらかもしれない。ただ、現代の自由主義、すなわちリベラリズムをどのように定義するにせよ、それが「個人の自由」を重視する（裏返せば、個人の領域への介入を制限する）思想であることには変わりないように思われるし、この自由を保護するために提出されたものが「危害原理」であると考えるならば、ミルの古典的自由主義の主張は、現代の自由主義ないしリベラリズムの源流にあるということになるだろう。

さて、問題は、今取り上げた環境問題においては、その特徴ゆえに、ミルの考えたような個人の領域の確保ということが、はたして成り立つのかどうかということにある。ミルは「危害」の有無を問題とするし、つまり、他者への危害がないということを条件に、個人の自由が認められなければならないと主張するが、今問題としている環境問題においては、自然環境にダメージを与えない行為、それゆえ自然環境下に生きる他者に危害を与えない行為は、原理的にはまったく存在せず、自由主義が成り立つための「他者に危害を与えない行為の範囲」は確定されえない(6)ということになる。となると、環境問題への対処を考慮に入れるならば、個人の自由は大幅に制限されるか、そもそも「ない」ということになるだろう。つまり、もし「自然環境を守ること」が私たちの社会にとって手放すことができない理念であるならば、自由主義の前提とする個人の自由、すなわち「市民的自由を守る」ということとは両立できないように思われる(7)。

こうした事態、すなわち自由社会のもつ問題点を示す例としてよく取り上げられるのが、ギャレット・ハーディンの「共有地の悲劇(8)」である。簡単に説明すると、まず、すべての人が使用できる牧草地がある。牧夫はおのおの、できるだけ多くの牛を放牧しようとし、合理的な人間として、自分の群れにもう一頭を加えた時にいかなる効用が生じるかを考える。すると、正の効用としては、増えた一頭の売却利益をまるまる得ることができるが、負の効用、つまり、過度の放牧の効果はすべての牧夫によって負担され、マイナス一の数分の一となる。となると、彼がとるべき行動を考えると、もう一頭群れに加えるという結論が導かれる。しかしながら、すべての牧夫が同じように考え行動するならば、悲劇が生じることとなる、という例である。つまり、環境容量を超え「共有地についての自由を信奉する共同体において、各人が自らの最善を追求しているとき、破滅こそが全員の突き進む目的地」となると言うのである。

ここで示されている牧草地の負担能力が有限であることは、地球の資源や環境が有限であることと類比的であり、個人の自由の尊重を最優先することが、環境に関する責任を軽視すること、そして、その個人の自由が、現実的には、経済的自由として行使されるということ(9)(そして、ここで想定される「経済的合理人」は個人的利益を最大化させる、功利主義的な考え方によって基礎づけられている)は、自由主義のかかえる問題点を示している。そして、何よりもこの例において重要なのは、私たちもまた「共有地の悲劇」を生み出す牧夫と同じ行動をとっているということである。もしもこうした「悲劇」を回避するために環境の有限性を考慮にいれるならば、個人の自由に委ねることは、自らの生存基盤を掘り崩すことにもなりかねず、それゆえ、私たちは個人の領域における自由を手放すか、少なくとも、何らかの制限を受け入れなければならなくなるのである。しかし、自由主義の立場からはこうした制約はおそらく認められないと思われる。では、私たちはこの両方の要請のあいだで、個人の自由をどのように考えればよいのだろうか。

そして、三つ目の問題関心は、学生時代ではなく、最近、日々の生活の中で感じるようになった個人的な感覚に基づくものである。私たちは個人の自由を根本的に価値あるものと認める社会に暮らしている。実際のところ、私も含め、狭い個人の領域のことだけを考えていれば暮らしていける社会で、できれば公的な事柄（煩わしいこと）には関わりたくないと思いながら生活を送っている。私たちの暮らしには、高齢化に伴う孤独死の問題、子育てや子供の貧困といった地域社会の問題、コミュニティの再構築の問題などさまざまな問題・課題が見え隠れしているが、多くの人が行政に任せておけば大丈夫だろうと高を括り、公共的問題には無関心を装っているという現状がある。もちろん、こうした問題に熱心に取り組んでいる人も多くいるが、関心を示さない人との温度差は大きいと言わざるをえないように思われる。実際、まちづくり、地域活性化に取り組んでいる何人かとかかわったことがあるが、どうすればその無関心を乗り越えることができるのか、頭を悩ませておられた。ミルに引き寄せて考えるならば、確かに、こうした現状はミルが当時、苛立ちを覚えた「大衆」の姿に似ているのかもしれないが、反面、そうした現状から、そういう人たち同士がどうつながり、どういう社会を作っていくのかを考えていく必要があるようにも思われる。先にも述べたように、私たちの社会には多くの問題・課題が山積しているが、そうした問題に、受け身ではなく、一般市民が当事者として考え、協働していくような社会を作っていくために、ミルがどのような手がかりを提供しうるのかが気になって仕方がない。

少し長くなったが、このような問題関心をもとに、以下ではミルが描いた市民社会について、そして、それを支える自由と功利をめぐる主張について、考察を進めていきたい。ミルの理想とする市民社会を考えるという作業は、現代に起こっているさまざまな問題に対してどう対処するのかということを超えて、これからの社会をどういうものとして描くのかを考える契機になるという意味で、とても重要な作業であると思われる。つまり、ミルの主張を単に現代に当てはめる、あるいは、彼の理念の現代の諸問題に対する適用可能性をさぐるというのではなく、私たちが現に暮らしている社会を相対化し、不十分な点を浮かび上がらせ、これからの市民社会を考えるきっかけになればと考えている。そして、そのための参照軸として、ミルのさまざまな主張を顧みてみたい。

以下では、まず第一章で、『自由論』において提示された「危害原理」に注目し、ミルが擁護しようとした「個人の自由」について考察をおこなう。一般的に、ミルが「危害原理」によって、不干渉としての自由を擁護し、個人の自律（自律した個人）を保護したとして理解されることが多い。しかしながら、こうした理解はミルの議論を狭めているのではないかという違和感から、ミルの議論に「自律」を読み込む議論を対置することを通して、ミルが擁護しようとした自由、および、保護したかったものを明らかにし、その考察を通して「危害原理」のもつ射程を明確にする。また、第二章では、第一章での議論が、個人の領域における自由を問題にするのに対し、社会の領域における自由、およびその担い手としての「市民」に焦点をあて、ミルが市民に対して何を求めたのか、また、そもそも市民とはどういう存在であり、その基準は何に求められるのかを明らかにすることを通して、ミルの市民社会についての視座がどのようなものなのかを考察する。続く第三章では、第二章と同じく、ミルの市民社会に焦点をあてるが、この章では、市民が具体的に社会にかかわる場面に焦点をあて、ミルが市民の「参加」について、どのような態度をとり、どのような営みとして考えていたのかという点から、ミルの描く市民社会を明らかにする。ここまでの前半の三章においては、ミルの自由に関する主張、つまり、ミルの自由主義者としての側面に焦点を当てている。それに対し、第四章からは、功利主義者としてのミルの側面に焦点を当てる。ミルはベンサム的な功利主義を修正した人物としてよく知られている。しかしながら、その修正はミルの独自性を示すものであったが、大きな問題も孕むものでもあった。この章と続く第五章において、ミルの思想形成期における人間観の獲得から、その後のミルの功利主義をささえる「行為者」を描き出すことを通して、ミルの最大の関心が何であったのかを引き出したい。そして、第六章においては、これまでの議論をふまえ、ミルの自由に関する主張と功利主義に基づく主張との関係を明らかにする。この章では、ミルの自由の価値を擁護する議論、ならびにミルが功利主義に二次的原理を導入していることに注目し、「危害原理」と「功利原理」の関係を明らかにすることを通して、ミルの関心がどちらにあるのかが明らかになる。第七章においては、第六章で引き出された結論をもとに、ミルが理想とする社会とそれを支えている要素について、『自由論』で展開された「公的討論」についての議論、および『経済学原理』における「停止状態」に関する議論などを取り上げ、考察する。以上の考察によって、この本の主題でもある、ミルの理想とする市民社会が明らかになると思われる。そして、最後に、ここまで見てきたミルの自由や功利主義に関する主張が、また、ミルの理想とする市民社会が、現代の私たち、および私たちの社会にとって、どのような意味をもちうるのかについて考えていきたい。

注

（1）　功利主義の説明として、次の文献を参照。
　神野慧一郎「功利主義の射程」『倫理とは』〈岩波講座　転換期における人間8〉（岩波書店　一九八九年）一九五－一九七頁。

（2）いわゆるHarm Principleは、ミル自身が使用した言葉ではなく、ミルがこの原理を説明した該当箇所にあるto prevent harm to othersの部分、あるいはその原理の主旨を勘案し、さまざまな表現で言い表されている。例えば、他者危害原則、危害原則、危害防止原則、自由原理などである。この本では「危害原理」を使用する。

（3）伝統派の代表的な人物として、アイザイア・バーリン、フィッツジェイムズ・スティヴン、ガートルート・ヒンメルファーヴを、修正派の代表的な人物として、アラン・ライアン、ジョン・リーズ、ジョン・グレイなどをあげることができる。

なお、伝統派と修正派の議論については John Gray and G. W. Smith eds. *J. S. Mill On Liberty in focus*, ROUTLEDGE, 1991を参照。

（4）代表的な人物として、アイザイア・バーリンがいる。

（5）本書では「自由主義」と「リベラリズム」という言葉をそれほど区別して用いないが、論者によっては、古典的自由主義と現代的な自由主義の性格の違いから、古典的自由主義に「自由主義」を、現代の自由主義に「リベラリズム」という語をあてる論者もいる。その際、その区別の根拠としては、古典的自由主義が「自由放任」という特徴をもつものとして、リベラリズムを、ロールズに代表されるような「正義」の基底性に特徴をもとめ、それ以降の自由主義に対してリベラリズムという言葉をあてているように思われる。

また、自由主義／リベラリズムという言葉のもつ多義性、ならびにリベラリズムのおかれている現状については、井上達夫「リベラリズムの再定義」『思想』第九六五号（岩波書店 二〇〇四年）が詳しい。

（6）谷本光男『環境倫理のラディカリズム』（世界思想社 二〇〇三年）二三八頁。

（7）環境問題とリベラリズムの両立不可能性という問題に関心をよせているものとして、谷本の前掲書のほか、大澤真幸「〈自由な社会〉のために」（『〈不気味なもの〉の政治学』新書館 二〇〇〇年所収）をあげておく。

（8）ギャレット・ハーディン「共有地の悲劇」、シュレーダー＝フレチェット編、京都生命倫理研究会訳『環境の倫理』（下）（晃洋書房　一九九三年）

（9）共有地の悲劇の説明のために次のものを参照。
本田裕志「消費者の自由と責任」（加藤尚武編『環境と倫理』有斐閣　二〇〇五年所収）

# 第一章

# ミルの「危害原理」とその射程

「はじめに」でも触れたように、私たちは倫理的な諸問題を扱う議論、とりわけ「個人の自律」や「自己決定」にかかわる議論において、頻繁にミルの「危害原理」に出会う。例えば、医療における治療方針の決定をめぐる問題において自己決定を支持する論拠として、あるいは古典的自由主義の最もシンプルな定義として、である。前者においては、実際に治療を受けるのは患者自身であり、それゆえ治療の決定に際して患者本人が自身にとって不利益を被る決定を下したとしても、本人がよく考えた上で、さらに、その決定が他者に危害を及ぼさないならば、患者自身の決定が優先されるべきだ、と言われる。また、後者においては、他者に危害を加えない限り何をしても個人の自由である、と言われたりする。そうした「危害原理」に基づく議論においては、ミルが自律した個人を、そして、そうした個人がおこなう決定を保護する必要から危害原理を提出し、不干渉としての自由の重要性を強調したのだ、と理解されている。実際、ミル解釈においても、ミルの議論に「自律」という事柄を読み込む議論は見られる。[1]しかしながら、こうした理解がミルの自由をめぐる主張にとって、すべてなのだろうか。

そこで本章では、ミルの「危害原理」に注目し、それによってミルが擁護しようとした個人の自由について考察する。そして、ミルの自由にはいかなる意味の自由が含まれており、危害原理によって「誰の」「何を」護ろうとしたのかについて、考えていきたい。

## 第一節　危害原理と個性の問題

私たちはさまざまな集団や社会の一員として、その中で暮らす多様な人びととの関係において生活をしている。ミルは『自由論』において、人びとが社会生活を営むにあたって、まずもって個人の自由、すなわち市民的・社会的自由（以下では「市民的自由」のみ記述）が認められなければならないと主張した。ただそれは無条件に認められるというわけではなく、一定の制約が伴っている。その基本的な原理について次のように述べている。

この論文の目的は、用いられる手段が、法的刑罰という形での物理的力であれ、世論という道徳的強制であれ、強制と統制という形での個人に対する社会の取り扱いを絶対的に支配する資格のある、一つの非常に単純な原理を主張することである。その原理とは、人類が、個人的にまたは集団的に、だれかの行動の自由に正当に干渉しうる唯一の目的は、自己防衛だということである。すなわち、文明社会の成員に対し、彼の意志に反して、正当に権力を行使しうる唯一の目的は、他人にたいする危害の防止である。彼自身の幸福は、物質的なものであれ道徳的なものであれ、十分な正当化となるものではない。そうするほうが彼のためによいだろうとか、彼をもっとしあわせにするだろうとか、他の人々の意見によれば、そうすることが賢明であり正しくさえあるからといって彼になんらかの行動や抑制を強制することは、正当ではありえない。（中略）人間の行為の中で、社会に従わなければならない部分は、他人に関係する部分だけである。自分自身にだけ関係する行為においては、彼の独立は、当然、絶対的である。彼自身に対しては、彼自身の身体と精神に対しては、個人は主権者である。[2]

この有名な危害原理によって、ミルは生活および行為を、個人にのみかかわる領域（個人の領域）と他者のかかわる領域（社会の領域）とに明確に区別し、「他者に対する危害の防止」という制約が、一方で社会が個人に対して介入する正当化根拠となり、他方で個人の領域においては、個人の自由が絶対的に、そして無条件に保護される必要性があることを主張したのである。[3] ミルは個人の自由の内容として、⑴意識の内面における「良心の自由」・「思想と感情の自由」、あらゆる問題における「意見と感情の絶対的自由」、⑵「嗜好の自由、職業の自由」・「われわれ自身の性格にあった生活プランをたてる自由」、⑶「団結の自由」をあげており、それらをまとめて、「われわれが他人から彼らの幸福を奪おうとしたり、それを得ようとする彼らの努力を邪魔せぬかぎり、われわれ自身の幸福をわれわれ自身の仕方で追求する自由である」[4]と言っている。

では、なぜ個人の自由は保護されなければならないのだろうか。ミルによれば、それは先の引用からもわかるように、自由が人間の幸福にとって不可欠の要素であるからである。ミルは個人の自由が、個人の幸福にとって、そして結果的に、社会全体の幸福にとって重要であるという功利主義的な立場から自由の価値を正当化したと言える。ただ、ミルの自由擁護論を理解するためには、当時の民衆や世論の状態に対する、ミルの悲観的で否定的な評価もおさえておく必要があるように思われる。当時のイギリス社会は、政治的には民主主義が進展し、経済的には商業文明が発展する一方で、ミルの目に映ったのは、順応主義の高まりと受動的な性格の蔓延、さらには私的な利害追求にのみ没頭する人びとの姿であった。そしてミルは、そうした人びとを背景に圧倒的な力を持つようになった世論の専制、つまり、社会が自らの考え・感情・習慣などを個人に対して不当に押しつけようとする傾向によって、個人が大衆のなかに埋もれてしまい無意義になっていくこと、さらには人間の本性が弱められ消滅させられてしまうのではないか、ということを絶えず危惧していたのである。

いわば、萌芽的な大衆社会状況への憂慮、そしてミルが好んで「進歩」という語を用いることから考えると、人びとが「人間的に成長すること」を重要な問題としてミルが認識していたことがわかる。しかしながら、こうした専制状況にあっては、思考、感情、活力が萎縮してしまい、個人がよりよい生き方を思い描くことさえ不可能になってしまう。そうした状況は人間の知的・道徳的状態として決して望ましいものではなく、その再生のためにもまず社会の中に個人が自由にふるまえる領域、つまり市民的自由を擁護する必要があったのである。

ミルはこの「人間的に成長すること」という問題を、『自由論』第三章「幸福の一要素としての個性について」において、「個性」ないし「陶冶」の問題として扱っている。ミルの市民的自由を理解するためには、社会の領域とは区別される個人の領域をもつ個人がどのような存在であるのかという点も考慮されなければならない。それは、個人が単に自由を受け取る（自由の確保）だけでなく、その自由の中で何をするのかが重要となる、と言い換えてもよいかもしれない。ミルは次のように言っている。

人類が不完全であるかぎりは、さまざまな意見があることが有益であるのと同じく、次のことが有益である。すなわち、さまざまな生活の実験（experiments of living）があること、他人への危害がないかぎり自由な活動の場が多種多様な性格に対して与えられること、また、さまざまな生活様式をもし試してみるのが適当と思う人があれば実際にやってみてその価値を明らかにすること、が有益である。要するに、第一義的に他人に関係しない事柄においては、個性が自己を主張することが望ましい。その人自身の性格ではなくて他の人々の伝統や慣習が行為の規則となっているところでは、人間の幸福の主要な構成要素の一つであり、かつ個人的社会的進歩のまさに第一の構成要素をなすものが、欠けているることになるのである。(5)

この引用の後でも、ミルは当時の一般の人びとの、目的そのものに対する無関心に対して否定的な言葉を投げかけている。つまり、現状の生き方に満足している人びとは「個性の自由な発展が幸福のもっとも本質的な要素の一つ」であり、「個人の自発性（spontaneity）がなんらかの本質的な価値をもち、それ自体尊重に値する」ということが理解できない[6]と言うのである。

では、ミルは個性や個性の発展ということでどのようなことを考えているのだろうか。まず、重要であると思われるのは、「性格をもつ人」についての次の言及である。

欲求と衝動とが自分自身のものである人、自分自身の陶冶（culture）によって発展させられ、修正されたものとしての本性のあらわれ（expression）が、彼自身の欲求と衝動とになっている人は、性格をもつといわれる[7]。

つまり、単に欲求や衝動に受動的にしたがう存在としてではなく、性格をもつ存在へと自己陶冶することが求められている。そしてその性格に基づき自発的に選択することを通して、個性は発展していく。

すべての人間存在が、ある一つの、ないしある少数の型に合わせて形成されなければならぬという理由はないのである。人がある程度の常識と経験をもっているならば、彼自身のやり方で自己の生活を展開していくのが最善である。彼のやり方それ自体が最善だからではない、それが彼自身のやり方だからである。[8]

こうしたことを可能にするためにも不干渉の領域、つまり個人の自由が擁護されなければならない。世論の専制の影響を受け、その人の性格ではなく他の人びとの伝統や慣習が行為の規則になっている人びとは、ミルによれば、模倣能力しか使用しておらず、人間の本性によっても望ましくない。仮に習慣に従うとしても、それを選びとるという形で理性的に従うことが望まれるのである。

人間の本性は、雛形にならって組み立てられ、自己に定められた仕事だけを正確にするように作られている機械ではない。それは一本の樹木であり、それ自身を生命あるものとしている内面の趨勢にしたがって、あらゆる側面にわたってみずから成長し発展することを求めているものなのである。[9]

このように、ミルの個性および個性の発展についての理論の前提にあるのは、自らの幸福もしくはよりよい生き方について絶えず模索し選択をする、自己陶冶する個人である。そしてまた、それぞれが互いに異なっていること、つまりは個人の多様性に対する信念であるといえる。

さて、これまでの議論をふまえるならば、ミルの「危害原理」はどのように理解されるだろうか。つまり、最初にあげた問いを思い出すならば、危害原理が擁護する個人の自由には「いかなる意味の自由が含意されているのか」ということである。われわれがいま見てきたように、個性の理論に基づくならば、その自由が依拠するのは選択を可能にするという意味での「選択の自由」である。つまり、選択の自由という観点から不干渉としての自由を擁護しているのだ、と結論できそうである。危害原理の目的として、自己決定としての「自律」を置く議論もおそらくこの個性の理論を根拠にしている。しかしながら、後で詳しく論じるように、これは危害原理の理解として不十分であると言わざるをえない。なぜなら、個人がそもそも選択しうる存在であるという確信をミルが何から得たのかということが明らかではないからである。この問題を考えるにあたって、『自由論』の冒頭における次の言及を参考にしたい。

この論文の主題は、哲学的必然論というまちがった名前で呼ばれているものと、非常に不幸にも対立させられているいわゆる意志の自由ではなくて、市民的ないし社会的自由（Civil, or Social Liberty）である[10]。

つまり、ここには意志の自由と市民的・社会的自由の二つの自由が出てくる。そして二つの自由が互いに関連をもたない、通約不可能であるとミルはどこでも言っていない[11]。次の節では前者の「意志の自由」について考えたい。

## 第二節　意志の自由について

ミルは幼少よりベンサムの信奉者でもあり友人でもあった父ジェームズ・ミルによる英才教育を受けて育ったが、一八二六年にいわゆる「精神の危機[12]」に陥る。「精神の危機」とは、簡単に言ってしまうと、それまでの自分（自分の性格）が、結局は他人の快苦操作によって築かれていたことへの気づき、それゆえ自分が受動的存在者にすぎないという認識による、人生の意味の喪失の経験といえるだろう。後でも触れることになるが、ミルはこの経験を乗り越えることによって、ベンサム流の功利主義を修正し、思想家として独立していくことになる。しかし、ミルはたびたびその感情の浮き沈みがぶり返したことを『自伝』において告白している。

いわゆる哲学的必然性の理論が、悪夢のように私にのしかかってきた。私は自分が先行の諸環境の望みのない奴隷であることが科学的に証明されているかのように、すなわち自分と他のすべての人々の性格はわれわれの支配のかなたにあって全くわれわれの力ではどうすることもできない力によって形成されているかのように感じていた。[13]

こうした不安の背景にあるのは「人間形成」における環境決定論の問題である。そしてその問題を主張していたオーウェン主義に対する批判を、ミルは『論理学体系』第六巻第二章「自由と必然」の章で展開している。ここで議論される「意志の自由」の問題は、先に取り上げた「自由」の問題においても重要な意味を持ってくると思われる。

環境決定論は、すべての人間の欲求や行為は性格によって、そしてその性格はそれに先行する環境によってすべて決定されると主張する。もしもそうであるならば、つまり、すべてが環境要因や因果法則によって説明がついてしまうのであれば、そこには人間の意志を認める余地がなくなってしまうように思える。一般的に、人間の行為がすべて必然的であると認めることは「人間の自尊心を傷つけ、その道徳的本性を堕落させる」[14]として非難がなされる。ミルは、人間の行為が必然的である（因果法則によって説明できる）ということを認める必然論と、これを認めない自由意志説とを比較した上で、自らの立場は必然論にあるとする。その上で環境決定論、そして一般的に理解されている必然論が、その表現およびその理解のされ方において誤解されている、と主張する。また、その誤解は、必然論に対する反対者だけでなく、必然論を支持している大部分の人びとによってもなされているというのである。ミルはこの誤解された必然論を「宿命論」と呼び、自らの立場としての「真の必然論」（以下「必然論」と表記）と明確に区別する。

「必然論」とは、人間の行為における因果法則の必然性を認めることである。例えば「われわれの行為がわれわれの性格から生じ、そしてわれわれの性格は、われわれの組織、教育、環境から生じると考える」[15]ことによって、人間の行為が因果的に予測できるとする考え方である。しかしながら、ここで意味される「必然性」とは、ミルによれば、因果関係における単なる「継起の斉一性（uniformity of sequence）」であって、決して「抵抗不可能性（irresistibleness）」を意味するのではない[16]。つまり、因果法則は不可避なものなのではなく、ある原因を阻止するものが何もないならば、また、それに対抗する原因がない限りにおいて、ある特定の結果が生ずるということにすぎない。にもかかわらず、誤解された必然論、すなわち「宿命論」は、原因による結果の支配、つまり環境による決定を過度に強調しており、そのことにおいて誤りなのである。そして、その「宿命論」の典型が、オーウェン主義の環境決定論であった。それは、すべての人間の欲求や行為、それらを生み出す性格は、先行する諸環境によって決定されるので、人間は為すことに対しても、現にあることに関しても責任を持つことはできず、また主体的にかかわることもできない、と主張する。オーウェン主義者によれば「その人の性格はその人によって（*by him*）ではなく、彼のために（*for him*）形成される」[17]のである。つまり、その人の性格はその人自身が自ら作り上げるのではなく、環境（社会）が彼のためを思って作り上げるというのである。もしそうであるならば、ミルの性格形成への期待、そして人間のそれへの主体的なかかわりは無意味なものとなってしまう。しかしミルは上記のような考えは間違いであるときっぱりと言い切る。確かに環境が性格をつくるということは認めざるをえないが、それは、人為の関与を全く受けつけないというものではないのである。つまり人間は環境に対し介入し、影響を与えることができ、そうすることで性格を修正することができるというのである。

> 彼の性格は、彼の環境（彼特有の身体組織を含めて）によって形成される。しかし特定の形で性格を形成しようとする彼自身の欲求も、それらの環境のひとつであり、その影響は決して最小のものではない。確かにわれわれは直接的に意志するだけで、今ある自分と異なる自分となるわけではない。しかし、われわれの性格を形成したと考えられる人々も、われわれが今あるようにあるべきだということを直接に意志してわれわれを今のわれわれにしたわけではない。……彼らがわれわれをいまあるように作り上げたのは、目的ではなく必要な手段を意志することによってであった。そして、われわれの習慣があまり強固でない場合には、われわれも同様に、必要な手段を意志することによって、自分自身を違ったものにすることができる。もし彼らがわれわれを一定の環境の影響のもとに置くことができたのならば、われわれは、同じ方法で、自分自身を他の環境の影響のもとに置くことができる。他者がわれわれのために性格を形成することができたのと同じように、われわれも、もし意志するならば（*if we*

*will*)、自分自身の性格を形成することができるのである。(18)

しかしながら、この意志が生じるためには、外的な原因が必要なのではないかということが、次に問題となる。ミルはこのことを認めた上で、それをわれわれの内的な経験から生じる性格形成を促す願望や感情に求め、「われわれがすでにもっていた性格の苦痛を伴う結果を経験」「偶然に呼び起こされた感嘆」「熱望の強い感情(19)」をあげる。「宿命論」はこの内的経験を見落とすだけでなく、そういう力を持たない、さらには持つだけ無駄だという感情を与えることで、そうした願望の形成を邪魔することにおいて誤っているのである。

> そして実際、綿密に考察するならば、もし願望するならば（*if we wish*）、われわれは自分自身の性格を修正できる、というこの感情そのものが、われわれが意識する道徳的自由の感情である、ということがわかる。習慣や誘惑が自分の主人ではなくて彼がそれらの主人であると感じている人、つまり、たとえそれらに屈していたとしても、彼は抵抗できたということを知っている人、もし彼がそれらを完全に捨てることを望むならば、その目的のために、自分が感じることができるとわかっている欲求以上に強力な欲求は必要でないことを知っている人、は道徳的に自由であると感じる。(20)

ミルは、私たちが自らの性格を望ましいものに変えたいという願望を持ち、それが可能であると確信できるとき、意志の自発性としての道徳的自由の感情を持つことができると結論づける。私たちは単に自然的な欲求や衝動に対して受動的に従うのではなく、自らの意志に基づいて自発的に行為する主体として立ちうるのである。つまり、前節で見たように、自らの性格から行為する存在へと自己陶冶し、そしてさらに自発的な選択によって個性を発展させることができるということの基礎を得たことになるのである。その基礎にあるのが、ミルが宿命論に対する反駁を通して守ろうとした「意志の自由」である。確かにミルは「選択の自由」を重視するが、その選択の可能性は人間がこうした「意志の自由」をもつということに支えられている。つまり、私たちが「危害原理」を問題とし、それによって保護される市民的自由、つまり個人の自由を問題とする際には、それらが「意志の自由」を含意しているということを視野におさめる必要があると言える。

## 第三節　ミルと自律、そしてその問題

ここまで「危害原理」を「自律」を中心に語ることに対する違和感から、主に、ミルのテキストを中心に考察を進めてきた。そして、前節において、ミルが『自由論』において展開する「自由」

が「意志の自由」を含意することを確認した。

では、それを読み込むことによってどういう違いがでてくるのだろうか。以下ではこの点を問題にしていきたい。この点は最初に示した「危害原理は誰を保護するのか」という問いにもかかわってくる。

さて、「寛容」という問題に強い関心をもち続けているスーザン・メンダスは、その著書『寛容と自由主義の限界』[21]の第三章「ミルと多様性の擁護論」を中心に、ミルの自由擁護論に注目している。メンダスによれば、『自由論』におけるミルの議論は自由と多様性の擁護に向けられており、その擁護論が依拠している価値こそが「自律（autonomy）」（自己決定）の概念であるという。彼女がその理由としてあげているのは、私たちが先ほど見た個性の説明で取り上げた引用文中にある、彼自身のやり方で自己の生活を展開していくのが最善なのは「彼のやり方それ自体が最善だからではない、それが彼自身のやり方だから」という部分である。また、彼女は自律の概念の特徴として三つの特徴をあげている。[22]

1　自律的主体が行為することができる立場にいること。つまり、拷問や処罰といった外的力によって強制されていないこと。

2　自律的主体が欲求や衝動に服従していないこと。つまり、理性的で自由な選択者であること。

3　自律的主体が自分で従う法則を自分で定めること。つまり、自律的主体は他人の強制的行為から独立しているだけでなく、他人の意志からも独立していること。

この三つの特徴は別の箇所でも言及されており、それぞれ、自由、理性、自己規定と言い換えられてもいる[23]。ここでは三つ目の条件については一旦留保する（後で考察する）が、不干渉の自由や個性についての主張を考え合わせるならば、ミルの議論に自律的主体の特徴がほぼ当てはまると考えてよいだろう。つまり、メンダスが言うように、人を強制することは「暗黙のうちに自律的主体ないし理性的で自由な選択者としてのその人の地位を否定すること[24]」につながり、それは逆に言うと、世論の専制などの影響によって「精神がくびきに屈している人」「他との一致を優先する人[25]」などは非自律的であるということになる。それゆえ、ミルの自由と多様性の擁護論は個人の自律に向けられたのである。この点について、メンダスは次のように言っている。

ここで重要なことは、ミルが好意を示しているのはたんに自律（自己決定）ではない、という点である。むしろミルは個人の向上、社会の進歩、「文明」の発達の源泉（唯一の確実で永続的な源泉）としての自律に好意を示しているのである[26]。

そして、さらに、このミルがもつ「道徳の進歩の可能性への信念」、そしてそれを支える人間本性についての楽観的な見解ゆえに、ミルの自由擁護論はその価値を下げてしまったと言うのである。どういうことであろうか。

確かにミルは至るところで「進歩」や「向上」という語を多用し、『功利主義論』では、高級な快楽と低級な快楽の区別、高貴な感情への言及なども見られる。(27) そしてメンダスによれば、こうした考え方の背景にあるのが「有機体論的な人間本性観(28)」であるという。私たちが先に見たように、ミルは人間本性を樹木にたとえ、そして別の箇所では草木にたとえている。(29) つまり、ミルは適切な養分が与えられるならば、成長し開花する樹木のように人間本性も開花する、という樹木と個人のアナロジーをモチーフに、自由を「人間の向上を生む唯一の確実で永続的な源泉(30)」と位置づけていたのである。ここでメンダスが問題にしていることは二つある。一つ目は、ミルが自由と道徳の進歩とが一致すると考えていること、つまり自律的選択と道徳的に優れた選択とを結びつけている点である。二つ目は、ミルが、自律を個人の内的な本性から自然に発展してくるものだと考えた点である。ではこれらの何が問題なのであろうか。一つ目に関しては、先にあげたミルの楽観的な人間観ゆえに、ミルが、人間が必ずしも（道徳的に）優れた選択をするわけではないということ、つまり、どちらかと言えば（道徳的に）劣った選択を自律的に行うかもしれないという可能性を認めていないということにある。そのことは結局のところ、ミルが擁護しようとする多様性を認めないことになるのではないか、というのである。[31] ミルは、『自由論』において、「危害原理」について説明した後に条件をつけ、未成熟な人をその適用から外している。つまり、もしある人が劣った選択をするならば、非自律的とみなされ「危害原理」の保護から外れるのではないかというのである。二つ目に関しては、自律の形成や発展において、ミルには社会的な観点が欠如しているということである。メンダスによれば、ミルが考えたように、個人の自律は単に社会の干渉と対比されるだけでなく、社会の干渉に依存している面もある。つまり、自律の概念を理解するためには「人々がいかに非依存的（independent）であるかということだけでなく、人々がいかに相互依存的（*inter*dependent）であるかということも理解する必要がある[32]」というのである。

では本当にそうなのであろうか。メンダスの指摘する二つの問題をミルは見落としているのであろうか。この点については、おそらくそうではなく、逆に彼女の指摘の方が一つの重要な点を見逃しているように思われる。それは「危害原理」があくまでも「個人の領域における自由」を重視している（社会の領域を無視しているわけではないが）という点である。この点を考えるにあたって、私たちはミルが『論理学体系』のなかで示した「生活の技術（Art of Life）」という考え方に注目したい。それは行為や行為のあり方を評価する枠組みとして、三つの二次的な価値原理を採用する。ミルによれば、「生活の技術」とは、「道徳性（Morality）」「慎慮（Prudence）／政策（Policy）」「審美（Aesthetics）」の三部門に分けられ、それぞれ人間の行為や仕事における「正しさ（Right）」「便宜（Expedient）」

「美または高貴さ（Beautiful or Noble）」を問題とする。[33] つまり、行為や行為のあり方は、ベンサムが示したように、等質的な快苦に還元した上で量的に評価されるのではなく、その行為が正か不正かという基準、行為者自身の幸福の増大に役立つかどうかという基準、行為者自身の性格が高貴かどうかという基準によって評価されるというのである。そして、「干渉」や「処罰」、つまり他人とのかかわりが問題となるのは、それらのうち「道徳性」の部門に限られる。つまり、「ある誰かを助ける」ないし「何らかの行為を差し控える」という行為は、その行為がどういう動機からなされようと、その行為が「善」であるという評価は変わらないが、その行為者の性格が高貴であるかどうか、あるいはその行為が行為者自身の幸福にとって役に立つかどうかということを評価する（される）余地はあると言うのである。いま私たちが問題としている「危害原理」は、他人に対する危害を基準として社会の領域と個人の領域を区別するのであるから、個人にのみかかわる領域における行為評価の基準は「便宜」ないし「美または高貴さ」となる。つまり、定義上「正しさ」は問題とならない。それゆえ、ある個人が個人の領域において、いわゆる道徳的に劣った選択を、自律的にしうることがあるということになる。[34]

次に、メンダスが言うように個人は全く非依存的な存在なのであろうか。この点に関してもそうではないだろう。先に示したように「便宜」や「美ないし高貴さ」という観点から他人が個人を評価する余地があり、説得や忠告、彼とのつきあいを避けるなどさまざまな行為を取りうるのである。

ミルは個人の自由を擁護するが、個人の領域において、決して社会から切れた、孤立した存在を考えているわけではないのである。

では、なぜメンダスのような誤解が生まれるのであろうか。その原因はミルの自由に「自律」を読み込むことにあるように思われる。

## 第四節　ミル「危害原理」の射程

あらためて危害原理は誰を保護するのだろうか。そして、危害原理が適用されるためにはどういう条件が必要とされるのだろうか。メンダスの危惧を再度確認しておくと、彼女はミルの除外条項に注目し、ミルがしたように自律と道徳的進歩を結びつけるならば、道徳的に劣った選択（メンダスのあげた例ではプッシュピン遊びや性的満足を選ぶこと）をすることは自分の未成熟と自律の欠如を公言することになり、危害原理によって保護される資格がないと公言することになってしまう、というものであった。

ここで私たちもミルの除外条項を確認しておこう。ミルは「危害原理」を説明したすぐ後で、次のように言っている。

たぶん、いうまでもないことだが、この理論は、成熟した諸能力をもつ人間に対してだけ適用されるものである。われわれは子供たちや、法が定める男女の成人年齢以下の若い人々を問題にしているのではない。まだ他人の保護を必要とする状態にある者たちは、外からの危害と同様、彼ら自身の行為からも保護されなければならない。同じ理由から、われわれは、民族自身がまだ未成年期にあると考えられるおくれた状態にある社会は、考慮外においてよいだろう。……一つの原理体系としての自由は、人類が自由で平等な討論によって進歩しうるようになる時代以前の社会状態に対しては、適用されない。……しかし、人類が、自分の確信や他人の説得に導かれて、彼ら自身の改善に歩みうるようになるやいなや（これは、われわれがここで考慮する必要のあるすべての国民の場合には、ずっと以前に到達されている段階であるが）強制は、……彼ら自身の幸福への手段としては許容されなくなり、ただ他の人々の安全のためにのみ正当化されるのである。(35)

この引用中で私たちにとって重要なのは「彼ら自身の改善に歩みうるようになるやいなや」（傍点筆者）、そして、その直後の「われわれがここで考慮する必要のあるすべての国民の場合には、ずっと以前に到達されている段階である」（傍点筆者）という箇所である。つまり、この引用箇所を読むかぎり、ミルが「危害原理」の適用ということで念頭においているのは、専制傾向をもった大衆を含む当時のイギリス国民である。ここからさらに、ミルがメンダスの言うように、「自律」という観点から区別を設けている形跡はない。私たちはこの点についてどう考えればよいのだろうか。

私たちは先に「意志の自由」を取り上げたが、そこで私たちが取り出したことは、人間が自らの意志に基づいて自発的に行為する、そういう主体として立ちうる、というミルの信念であった。つまり、ミルがここで注目しているのは、個人の「自発性」であるといえる。では、この「自発性」といわゆる「自律」とはどのような関係にあるのだろうか。私たちがここで注目する必要があるのは、前節で保留にした自律に関する三つ目の条件、すなわち、自律的主体が自分で従う法則を自分で定めること、自律的主体は他人の強制的行為から独立しているだけでなく、他人の意志からも独立している、という条件である。ここで言われる法則とは、批判的な反省を通して、自らが承認するに至った法則ないし原理を示しており、何らかの普遍性をもつものと考えられる。しかしながら、ミルが意志の自由ないし市民的自由で求めていることは、「習慣や誘惑が自分の主人ではなくて彼がそれらの主人であること」、つまり個人が自己に対して主権をもつということである。ミルは個性について論じる際、「生活の実験」を重視していたが、その意味するところは、個人の領域においては、他者への危害がないことを条件に、自分が価値があると思ったことを実際にやってみること、つまり、自発的に行為に移してみることを重視しているということである。そこでの決定は結局失敗するかもしれず、さまざまな試行錯誤を繰り返すことを認めているのである。そして、そうしたプロセスを経て発展していく個人をミルは念頭においている。それゆえ、個人の領域においてはは、メンダスが危惧するように、道徳的に劣ったと思われる選択をすることの可能性をミルが排除していると考える必要はないのである。もちろん、「個性の発展」「高級な快楽」「その快楽を判定する有資格者」といった主張から考えるならば、ミルが目的として個人の「自律」を、そして「自律した個人」を望ましいと考えていることは否定できないのかもしれない。しかし、私たちが今問題にしているのは「危害原理」の適用条件であり、「危害原理が誰を保護するのか」ということである。私たちは「自律している」から、それゆえ保護されるのではない。そうではなく、自律を含めた発展の可能性としての「自発性」までが「危害原理」の射程として含めて考えられなければならないと思われる。つまり、自律という点からみると、「自律した個人」ではなく「自律しうる個人」、すなわち「自律しようとしている個人」をミルは問題としていたのである。

さて、以上の考察を通して、私たちはミルが「危害原理」を主張することによって擁護した「市民的自由」には「意志の自由」が含意されていること、また「危害原理」の適用条件は個人の「自律」ではなく「自発性」に向けられていることを確認した。しかし私たちがここで注意しなければならないのは、ミルは「自発性」という語を用いる際、私たちが通常イメージするような「積極的な」「活発な」という事柄よりも、かなり強い意味を付しているということである。「性格をもつ人」について言及した箇所において、ミルは「欲求と衝動が自分自身のものである人」という説明を「自分自身の陶冶によって発展させられ、修正されたものとしての本性のあらわれが、彼自身の欲求と衝動とになっている人」と言い換えている。すなわち「意志の自由」によって私たちが確認した「自らの意志に基づいて自発的に行為する主体」、つまりその「自発性」は、欲求や衝動に従うだけの段階から一定の陶冶をしている段階にあるということがわかる。そして、ミルは個性の重要性を主張する際に出会う困難として、「自発性」がそれ自体尊重されないことを憂慮していることなどを考えると、ミルは「自発性」を「個性」とほぼ同義に考えていることがわかるのである。

もし、個性の権利が主張されなければならないときがあるとすれば、まさに今こそがその時である。今はなお、強制的同化を完成するための多くのものが欠けているのである。(36)

しかしながら、この章の最初の方で見たミルの除外項目にあるように、ここで考慮する必要のある人びとが、彼ら自身の改善に歩みうる段階にあるということもミルは認めているのである。つまり、ここで「自発性」と「自律」の関係について考えると、そうした人びとの「自発性」を問題にするということは、その「発展の可能性」を問題としており、さらにここに「自律」という観点を組み込むならば、「自律」はその発展する過程において獲得されるようなものとしてミルが考えていたと言える。

ミルは社会の改善への希望を失っていたわけではなかったが、ミルの期待に反し、当時の人びとは世論の専制の影響を受け、「自発性」や「個性」の重要性に気づかず、またそれらを発揮させることを可能にする自由の価値を低く見積もっていたのである。[37] しかしミルが考える社会の改善にとっては、彼ら自身がその重要性に気づき、それを認めることがどうしても必要であった。それゆえ、ミルは自由の価値を主張し、埋もれている「自発性」に光を与えることが必要であったのである。そしてそのためにはまず、「危害原理」によって個々人に自由の領域を与えることが必要であったと考えられる。

## 注

（1）例えば、スーザン・メンダス、ジョン・グレイなど。

（2）OL, pp. 223–224

（3）このように「危害原理」には、社会の側の権力行使の正当化基準という側面と個人の自由を保護するための基準という側面がある。関口正司は『自由と陶冶――J・S・ミルとマス・デモクラシー』（みすず書房一九八九年）の中で『自由論』に対する誤解として「あくまでも、個人的領域における自由の擁護という一つの目的に自覚的に焦点を絞った書物である」（三五五頁）と強調している。なお、筆者もそのように解釈している。

（4）OL, p. 226
（5）Ibid., pp. 260–261
（6）Ibid., p. 261
（7）Ibid., p. 264
（8）Ibid., p. 270
（9）Ibid., p. 263
（10）Ibid., p. 217
（11）同様の指摘としてG・W・スミス。G. W. Smith, Social Liberty and Free Agency : Some ambiguities in Mill's conception of freedom, in John Gray and G. W. Smith ed., *J. S. Mill On Liberty in focus*, ROUTLEDGE, 1991（泉谷周三郎・大久保正健訳『ミル「自由論」再読』木鐸社　二〇〇〇年）p. 245
（12）ミル自身はこの経験を「精神の危機」とは呼んだことはないが、この問題を取り上げる際には「精神の危機」と紹介されることが多い。それゆえ本書でもこの経験を「精神の危機」と呼ぶこととする。なお『自伝』第五章のタイトルは、「私の精神史における一危機」となっている。
（13）A, p. 175
（14）SL, p. 836
（15）Ibid., p. 840
（16）Ibid., p. 839
（17）Ibid., p. 840
（18）Ibid., p. 840
（19）Ibid., p. 841
（20）Ibid., p. 841
（21）Susan Mendus, Toleration and The Limits of Liberalism, MACMILLAN, 1989（谷本光男他訳『寛容と自由主義

の限界』ナカニシヤ出版　一九九七年）
(22) Ibid., p. 53
(23) Ibid., p. 89
(24) Ibid., p. 54
(25) OL, p. 265
(26) Mendus., p. 59
(27) U, pp. 212–213
(28) Mendus., p. 50
(29) U, p. 213
(30) OL, p. 272
(31) Mendus., pp. 64–65
(32) Ibid., p. 67
(33) SL, p. 949
(34) この問題は非常に解釈が難しい。『功利主義論』においてミルは高級な快楽を判定する「有資格者」について言及するが、「両等級の快楽を等しく感知できる能力をもちつづけた人が、承知の上で平然と低級な快楽を選んだことがこれまであるかどうかは疑わしい」と主張する一方で、他方、有資格者たちの「判断が食い違うときにはその過半数の判断が、最終的なものと認められねばならない」と言っている（U, p. 213）。それゆえ、ミルが望ましいと考える自律した個人が仮に存在した場合、個人の領域の中で、自律的に劣った選択をするのかについては判断が危うくなる。こうしたいわゆる「快楽の質」の問題については、後で検討する。
(35) OL, p. 224
(36) Ibid., p. 275

(37)　世論の専制による画一化を警告したミルに対して、当時の多くの論者は女性の自由、宗教の自由、教育の自由の増大を理由に反発を示したようである（Mendus, p. 49）。また、この点についてより詳しい記述として、山下重一訳注『評注ミル自伝』（御茶の水書房　二〇〇三年）七章、注二九参照。

# 第二章

# ミルにおける市民の陶冶と公的参加

前章では、ミルが『自由論』の中で提示した「危害原理」による個人の自由、つまり市民的自由の擁護に関する議論から、ミルの自由がいかなるものであり、「危害原理」によって、「誰の」「何を」保護しようとしていたのかについて考察した。その結果、ミルが個人の自由を擁護する際に「意志の自由」に注目していることを視野に入れる必要のあること、そして、「危害原理」を提示することで、ミルは、個人の「自律性」というよりは「自発性」を、すなわち「自律した個人」というよりは、「自律しようとしている個人」を保護しようとしていた、ということが確認できた。多数者の専制に代表される、個人に対して社会の考え・感情・習慣などを押しつける傾向にあった当時の社会は、個人の自発性や自由の価値には無関心を装うか、むしろそれらを押しつぶす傾向にあったが、そうした市民社会を構成する人びとの知的、道徳的状況を改善することなしに自由な社会の存立は難しいとミルは考えていた。それゆえ、ミルは個人の自由の重要性と必要性を訴えたと言える。しかしながら、ミルはそれのみで、その自由な社会が存立可能だと考えたわけではない。当然ながら、人は個人の領域のみで生活をしているわけではなく、社会あるいは他人とのかかわりの中で生活し、行為している。ミルはそうした社会の領域における自由を、主に『代議制統治論』（以下、『統治論』）の中で論じ、その領域における個人の問題を「市民」の問題として考えていたのである。

そこで、この章では、社会の領域における自由の担い手としての、そして社会と制度の担い手としての市民に注目し、ミルが市民に対して何を求め、何を期待したのかを明らかにすることを通して、ミルが望ましいと考える市民社会について考えていきたい。

## 第一節　市民と政治的自由

ミルは『統治論』を中心に、主に政治参加の文脈で「市民（citizen）」の存在に注目している。この問題を考えるにあたって、まずは市民にとってどのような自由が問題になってくるのかを考えてみたい。先にもふれたように、ミルは「危害原理」によって個人の領域と社会の領域を明確に区別することで、個人の自由を擁護した。つまり、直接的ないし第一義的に、個人にのみかかわる事柄の決定については、個人は主権者であり、他人（社会）がそれに干渉することは認められない。では市民についてはどうだろうか。

市民が政治に参加するという営みは、それが他者とのかかわりを含む営みである以上、定義の上では個人の自由の問題ではない。つまり、それは社会の領域の問題であり、それゆえ、社会に対する責任ないし義務という問題が発生する。この点についてミルは次のように言っている。

生活のうち、個人には個人が主として関係する部分が属すべきであり、社会には社会が主として関係する部分が属すべきである。……社会の保護を受けているすべての人は、その恩恵に当然報いなければならないし、また社会の中で生活しているという事実は、各人が他の人々に対して、ある一定の行為の原則を守るべきことを不可避とする。

この行為とは、第一に、相互の利益を、……侵害しないことである。そして第二に、社会あるいはその成員を危害や妨害から護るために必要な労働と犠牲の分担を……各人が引き受けることである。[1]

ミルによれば、市民には、社会の中で生活しているという事実を根拠として一定の義務が伴うとされる。ただ、市民が単に義務を担うだけの存在かというとそうではない。ミルの考える自由な社会にとって、個人の自由が保証されているだけでは不十分であり、さらに社会の領域における自由、つまり政治ないし公的生活の文脈における自由[2]を問題にする必要がある。この自由について、ミルは『統治論』の中で次のように言っている。

人間が、自分は自然の必然性あるいは社会の命令以外の外的抑制のもとにおかれていないと感じているところでは、人間の諸能力の状態は非常に異なっている。その社会の命令というのは、それらを課するのにかれが参加し、また、もしそれらが悪いと思えば、公然とそれに反対し、みずから活発に変更に努力することが、かれにまかされているものである。……かれが対等の立場から出発し、自分の成功は、自分がその一員でない集団の感情と意向に与えうる印象に左右されると感じないでいいときには、その人の自助自存（self-help and self-reliance）に大きなはげましがつけくわえられる。[3]

自然の必然性については後で述べるが、ミルによれば、市民は「社会の命令」つまり社会に対する義務に服す必要はあるが、それ以外の事柄においては社会の領域においても自由にふるまうことができ、そしてその義務についても、悪いと思うならば反対し、変更を要求することができる。つまり、市民には、自分ないし他人の利害にかかわる公的な決定に参加し、意見を表明する自由があり、その自由を行使し、享受できる（他者に対しそれを認め、他者からそれを認められる）ことが、同時に、その人の自助自存にとって重要な意味をもつというのである。

ただ、市民ということを考えるにあたって、社会の領域だけが問題になるのかというとそうではない。ミルは『自由論』において、個人的領域においても、他者（社会）が説得、忠告、賞賛といった形でかかわりうることを認めている。[4] 市民を考えるためには、そうした形での社会とのかかわりも考慮する必要がある。ここまで便宜上、個人の領域と社会の領域とに分けて議論を進めてきたが、この線引きは、実のところ、市民を考える上ではさほど明確ではないのかもしれない。そもそも市民は社会の領域でふるまう時、すなわち他人とのかかわりが生じた時にのみ市民となるのではなく、そうした領域を問わず市民でありかつ個人である。つまり、市民を問題にするということは、そのままその人がどういう人かが問われる、ということになると言える。

## 第二節　市民の政治参加の意義

さて、ここまで見たように、自他の利害が関係する公的な決定にかかわるという形にせよ、これから見るように、公共的職務を引き受けるという形にせよ、ミルは市民が実際に政治に参加することが望ましいと考えている。では、なぜ参加することが望ましいのであろうか。ミルはこの点について『統治論』第三章の中で次のように言っている。少し長くなるが引用する。

〔知的部分に対してだけでなく〕なお一層有益なことは、私人としての市民がまれにではあっても公共的職務に参加することによって与えられる教訓の道徳的な部分である。かれはそれに従事しているときに、かれ自身のではない諸利害を秤量すること、相争う主張がある場合にかれの私的な依怙贔屓ではない規則によって導かれること、また、共通善を存在理由とする原理や原則をつねに適用すること、を求められる。そして、かれは、かれ自身の精神よりもこれらの観念や作業に精通した精神をもった人びとが、同じ仕事の中でかれと結びついていることを、知るのがふつうであり、……、自らを公共の一人と感じるように、またかれらの利害はなんでも自分の利害だと感じるようにされる。このような公共精神の学校が存在しないところでは、社会的地位の高くない私人たちが、法律に従い統治に服従することの他に、何らかの義務を社会に負うという感覚は、ほとんど何も抱かれないのである。そこには公共への同一化という非利己的な感情がない。……その人は決して、どんな集合的利害についても、他人と協同して追求されるべきどんな目的についても思考することなく、かれらと競争して、ある程度かれらを犠牲にして追求されるべきものしか、思考しないのである。[5]（括弧内補足は引用者による）

このように、ミルは公的参加を「公共精神の学校」に例え、その教育機能、すなわち、そうした参加が知性や感情を陶冶し、私利を離れた「公共への同一化という非利己的な感情」を促進することの道徳的利益を強調する。[6] この議論においてミルの念頭にあるのは、人びとがもつ私的利害追求の傾向である。ここで「私人としての市民」として表現しているのはイギリスの下層中産階級、すなわち当時社会的にも政治的にも力を持ち始めた（あるいは持ち始めようとしている）人びとである。ミルはそうした人びとの状態を「あらゆる重要な実際的問題について、情報もなく利害関心のないまま」[7] か、あるいは、私的労働に従事しており、私的利害に縛られた思考と感情の枠組みから抜け出せていない、とみなしている。それゆえ、アテナイの人民裁判官や人民会議などの慣行を例に出しながら、彼らに公的義務を課すことが必要だと考えたのである。

では、そうした「学校」で「生徒」としての市民は何を学ぶのだろうか。まず一つ目としてあげられるのが、他者と協同で何かを行うことである。ミルは公共的な仕事をこなす中で自分よりも優れた人と接触すること、そしてそれが与える恩恵を強調している。また二つ目としては、他者や社会のことを考えることである。市民は公共のために為すべきことを通して、私的な利害ではなく他人の利害を、そして他者と共有する善について考えることを学ぶのである。ただ、ミルはここで、課された公的義務に服従するだけの人びとを考えているのではない。ミルが政治や公的参加のもつ教育機能、あるいは公的義務を課すことから引き出そうとしているものは、市民の自発的、能動的な参加である。ミルが当時の社会、そして「私人としての市民」の特徴にみるのは、「受動的な性格」（＝「害悪に忍従する性格」「境遇に屈服する性格」）、そしてその蔓延であった。しかし、その流れに対抗するためにも、ミルが必要だと考えたのは「活動的な性格」（＝「害悪と闘う性格」「境遇を自己に従わせるように努力する性格」）であった[8]。では、そのような性格、そして市民の自発性はどのようにして獲得されるのだろうか。これに対しミルは「感情を養うのは行為である」[9]と答えている。つまりミルにとって重要なのは、市民がまずは実際に参加する、ということである。それゆえ、政治あるいは公的参加を義務として要求し、またその義務を担うためにも政治的自由が認められなければならないと考えたのである。

では、市民に対して課される義務は「参加すること」だけなのだろうか。

## 第三節　市民としての義務

参加以外に市民に課された義務について考えるために、自由の行使に伴う別の側面、つまり、他人に対する権力の行使という側面に注目する。ミルは『統治論』の中で「選挙権」を例に、次のように言っている。

権利という観念をどのようなやり方で定義あるいは理解しても、いかなる人物も、他の人々を支配する権利（法的な意味を除いて）をもつことはできない。かれがもつことを許されるそのような力はすべて、道徳的には、言葉のもっとも強い意味で信託（trust）なのである。しかし、選挙人としてであれ代表としてであれ、政治的な機能の行使はどんなものでも、他人を支配する力である。(10)

かれの投票は、かれの選択にまかされているのではなく、……かれの個人的願望とは何も関わりがない。それは厳格に義務（duty）の問題であって、かれは、公共の善に関する自分の最善で、最も良心的な見解に従って、投票することを義務づけられている。……投票者は、自分の個人的利得ではなく公共の利害を考慮しなければならず、自分がただ一人の投票者で、選挙が自分一人によって決まる場合に、そうしなければならないのと全く同様に、最善の判断力をもって投票しなければならないという絶対的な道徳的責任をもっている。(11)

つまり、この引用によると、投票という形での自由（公的決定にかかわる自由）の行使は、他者を支配する力として働くという側面をもつ。そして、誰も他者を支配する権力をそもそも持たないがゆえに、そうした権力は一定の条件（公共の利害を考慮すること）のもとに、信託としてその人に付与されるという。こうした主張から考えると、市民には、そうして付与された信託に応える義務が伴うと言えるであろう。さらに、そのような形での自由の行使は、同時に個人的利得ではなく公共の利害を考慮し行為することを要求している。つまり、先の「公共精神の学校」の引用でもとりあげたように、政治あるいは公的参加のもつ教育機能によって身につけさせようとした公共精神を陶冶することを、ミルは市民に対して義務として要求している、と考えられる。(12)この点については、『自由論』でも市民が公共的な動機から行動し、お互いを結びつけるような目的によって、自己の行動を導くような習慣と能力がなければ、「自由な政体の運営も維持も不可能である」と言っていること(13)からもうかがえる。つまり、公的義務として選挙に参加するという義務が課せられるだけではなく、参加した上で、どのように投票するかにおいても、市民にはある一定の義務があると言うのである。このように考えると、ミルは市民に対して、さまざまな、そしてかなり厳しい義務を課していると言えそうである。

ただ、ミルはそうした義務を市民が遂行しないからといって、すぐにその義務を市民に対して強制しなければならないとは考えていない。例えば『自由論』の中で、「徳」の育成にかかわる教育の任務についてふれ「強制によるだけでなく確信を抱かせることによってその効果をあげる[14]」と述べている。つまり、一方的に義務を押しつけるというのではなく、社会の側ではそれを義務として要求しつつ、市民各人がその義務を理解し、引き受け、自ら公共精神を陶冶していく、そういうプロセスにミルは期待を寄せているように思える。この点は、先述の市民の自発的な参加ということとも関連する。つまり、ミルが考える自由な社会にとって公共精神が不可欠であるが、市民を考える上で、ミルの考えの核心にあるのは、公的参加を通して市民が変わるということなのである[15]。

以上見てきたように、ミルは公的参加のもつ教育機能を重視し、市民が公的な義務をこなしていく中で、自ら公共精神を陶冶していくようなプロセスとして市民の参加を考え、その意義を強調している。こうした主張から、ミルは公共精神を身につけた人が市民として望ましいと考えていることは確かだと思われる。では、ミルは「公共精神を身につけていること」を市民の条件として考えているのだろうか。

## 第四節　市民の基準

この点を考えるにあたりあらためて、ミルが「市民」と呼ぶときに、その基準を何に求めているのかについて考えてみたい。繰り返しになるが、確かに、ミルは公共精神を身につけた人が市民として望ましいと考えている。しかしながら、先の引用中において「私人としての市民」という表現も使用しているように、いまだ公共精神をもつに至っていない人びとを市民でないとして排除しているわけではない、と考えられる。ミルは『統治論』において、「それ〔政治機構〕は人びとによって、しかもふつうの人びとによって、まずつくられるのと同様に、かれらによって動かされなければならない」[16]〔補足強調は引用者による〕と言っているが、労働者階級が次第に歴史の表舞台に登場してきた当時の状況と重ね合わせるならば、ここでいう「ふつうの人びと」とは、統治への参加からは排除されているが、社会的に力を持ち始めた労働者階級も含まれているように思われる。つまりミルは、そうした人びとをも含めた政治参加の教育機能、すなわち公共精神の陶冶を問題としていると考えられる。

では、彼らに何が求められているのだろうか。ミルは『統治論』の中で、代議制統治を支える三つの根本条件を提示している[17]。その三つとは、その統治形態を受け入れようとしていること、それの保持に必要なこと、そしてそれが彼らに課す義務を履行し、職務を果たすことを、すすんでしようとし、そうする能力である（強調は引用者による）。ミルは、『統治論』だけでなく、至る所で活動的な、あるいは精力的な性格が望ましいことについて言及している。例えば、『自由論』においては、「精力的な性格は、怠惰で無感覚な性格よりもつねに多くの善を生みだしうる。自然な感情をもっとも多くもつ人々は、つねに、その陶冶された感情がもっとも強烈なものになされうる人々である」[18]と言い、それに続いて、ミルは欲求や衝動を人間性の素材として認め、社会はそれらを拒否してはならないと言う。ただ、単にその欲求や衝動に突き動かされているだけでは受動的な存在にすぎない。その点については「欲求と衝動が自分自身のものである人、自分自身の陶冶によって発展させられ、修正されたものとしての本性のあらわれが、かれ自身の欲求と衝動になっている人は、性格をもつといわれる」[19]と言っている。この点は、前章でふれた性格形成の問題であって、ミルは欲求や衝動に突き動かされている存在から、性格をもつに至った段階、そこでの意志を問題としているといえる。

　つまり、ミルは、その段階において、何かをしようと意志すること、すなわち、意志の自発性を市民の基準として考えているといえる。この意志の自発性の段階は、『自由論』における、危害原理の主張と重ね合わせるならば、当時のイギリス国民であればすでに到達している段階である、とミルは言っている[20]。ただ、ミルの多数者の専制やそれにともなう受動的性格の蔓延に対する憂慮からも明らかなように、問題は意志だけでなく、その素材としての欲求や衝動すらも生じにくくなっているという事態であった。その中で埋もれた市民の陶冶の可能性を、一方で市民的自由の領域で確保し、他方で公的自由の領域で、義務を課すことを通して、そして他者とのかかわりを通して掘り起こし、伸ばそうとしたのだ[21]、といえる。ミルにとって市民の問題とは、そういう問題でもあった。

　これまで市民をめぐるミルの議論に注目してきたが、その中心にあるのは参加を通した公共精神の陶冶という考えであった。ミルの理想とする市民は公共精神を身につけており、公共精神はミルの考える自由な社会にとって不可欠なものであった。ただミルはそうした理想をただ押しつけようとしたのではなく、一方で自由を保障し、他方で義務を課すことによって、市民が自ら陶冶によって公共精神を身につけるプロセスに期待している。そして、その期待を支えているのは、市民が参加によって変わりうるというミルの確信である。ミルによれば、実際に身につくかどうかは参加してみないとわからないということになるのだろう。しかし、感情を養うのは行為であり、公共精神を備えた市民は参加によって生み出されるといえる。

## 注

（1）OL, p. 276
（2）いくつかの文献においては「政治的自由」という語があてられている。
（3）CRG, p. 411
（4）関口はこの領域に「準公共的」という語をあてている。
関口正司「ミルの政治思想――『自由論』と『代議政治論』を中心に」（『J・S・ミル研究』御茶の水書房　一九九二年所収）
（5）CRG, p. 412
（6）ミルの教育哲学に注目するDonnerも、この政治参加のもつ道徳的利益がミルの絶えず繰り返すテーマであるとして強調している。
W. Donner, John Stuart Mill on Education and Democracy, in N. Urbinati and A. Zakaras ed., *J. S. Mill's Political Thought*, Cambridge 2007
（7）CRG, p. 400
（8）Ibid., pp. 406-407
（9）Ibid., p. 401
（10）Ibid., p. 488
（11）Ibid., pp. 489-490
（12）この二つの義務については関口正司『自由と陶冶――J・S・ミルとマス・デモクラシー』（みすず書房　一九八九年）第5章2節を参照した。
（13）OL, p. 305

（14）Ibid., p. 277

（15）Zakaras は、ある論文の中で、ミルをラディカルな民主主義者として解釈する人たちにとって、この公的参加のもつ変化の効果が、ミルの民主主義理論の核心にあると指摘している。ただ、Zakaras 自身は、ミルが参加のもつ恩恵について懐疑的であったという立場をとっている。この点についてはあとで検討する。
A. Zakaras, John Stuart Mill, Individuality, and Participatory Democracy, ,in N. Urbinati and A. Zakaras ed., *Ibid.*

（16）CRG, p. 376

（17）Ibid., p. 376

（18）OL, p. 263

（19）Ibid., p. 264

（20）ミルは危害原理を提示した後で次のように言っている。
「しかし、人類が、自分の確信や他人の説得に導かれて、彼ら自身の改善に歩みうるようになるやいなや（これは、われわれがここで考慮する必要のあるすべての国民の場合には、ずっと以前に到達している段階であるが）強制は、……ただ他の人々の安全のためにのみ正当化されるのである」（OL, p. 224）スミスは、ミルの自由概念が前提としている三つの要素をあげ、そのうち「能力を行使しようという欲望の生起を抑制する条件がないこと」に関連する自由への脅威に対してミルが不安を示している、と言っている。意志の自発性にかかわる意志の自由と社会的自由の関係についてはスミスを参照した。

（21）G. W. Smith, 'Social Liberty and Free Agency : Some Ambiguities in Mill's Conception of Freedom,' in John Grey and G. W. Smith ed. *J. S. Mill On Liberty in focus.* ROUTLEDGE, 1991（泉谷周三郎・大久保正健訳『ミル『自由論』再読』木鐸社 二〇〇〇年）pp. 250–251
意志の自発性と政治的自由の関係については、小田川大典「J・S・ミルにおけるリベラリズムと共和主義」『政治思想研究』第三号（政治思想学会 二〇〇三年）を参照した。

# 第三章

# 市民の参加をめぐる問題

前章では、ミルの政治および社会に関する言説のうち、社会の領域における自由、すなわち、公的な文脈における自由に注目し、その担い手としての「市民」に対し、ミルが何を求め、何を期待したのかについて考察をおこなった。ミルは、個人が市民として公的決定の場に参加し、意見を表明することができる自由として、その自由の重要性を論じ、市民に対してその自由を行使するという形で、積極的に公的な事柄の決定に参加することを求めている。また、ミルは市民の基準を、意志の自発性に求めており、そこから参加を通して公共精神を陶冶していく、そういう市民像を想定しており、それゆえ、その陶冶の可能性を、一方で市民的自由の領域で確保し、他方で公的自由の領域で、義務を課すという形で伸ばそうとしていた。

さて、この章では、前章に引き続き、ミルの文脈における市民の政治あるいは社会への参加の問題を扱う。ただ、前章がどちらかというと「市民」に焦点をあてたのに対して、この章ではむしろ「参加」という営みに焦点をあて、考察を進めていきたい。

## 第一節　参加の機能

前章と重なる部分もあるが、あらためて、ミルの参加に対する態度について簡単に確認しておきたい。まず、ミルは市民が実際に参加することが望ましいと考えている。その理由としては、『統治論』の中で、「各人は、彼自身の権利と利益の唯一の守護者である」(1)と言っているように、あらゆる人の利益は、自らが参加し、自身の力によって保護される（ないがしろにされるのを防ぐ）ことができるからである。つまり、ミルは参加のもつ「保護的」機能に注目している。そして、ミルがこの機能よりも重視するのが、参加のもつ「教育的」機能、とりわけ市民の知的部分に対してよりも道徳的部分に対して与えられる利益である。前章で引用したように、市民が、公共的職務に参加することを通して、自らを公共の一人と感じるようになり、他人の利益を自分の利益だと感じるようになる、と言っている。また、ミルは、トクヴィルにならい、こうした公的参加を「公共精神の学校」に例え、そうした参加が、知性や感情を陶冶し、私利を離れた「公共への同一化という非利己的な感情」を促進するとしている。

市民が参加するという営みは、他者とのかかわりを含む以上、社会に対する責任ないし義務という問題が生じる。ミルは公的参加を議論する際、それを公的義務を課すということも念頭に置いているが、参加の「教育的機能」から引き出そうとしているのは、義務への服従というよりは、市民の自発性や積極性である。実際、ミルの著作を見ても、そうした義務を市民が遂行しないからといって、すぐに強制しなければならないとは考えていない。むしろ、社会の側では義務を義務として要求しつつ、市民それぞれがその義務を理解し、引き受け、参加を通して自ら公共精神を陶冶する、そういうプロセスに期待しているように思える。ミルが、「感情を養うのは行為である」[2]と言うように、ミルにとって重要なのは、市民がまずは実際に参加してみるということであり、その考えの核にあるのは、参加を通して市民が変わるということであった。

## 第二節　参加に対する二つの態度

以上のことからもわかるように、ミルは市民が公的な事柄に参加することを望ましいと考えている。しかしながら、われわれは「市民の参加」に対するミルの評価、あるいは賛美をそのまま受け入れてしまってよいのだろうか。

アレックス・ザカラスは、『統治論』における民主主義的な参加の議論と『自由論』における議論との間にある緊張関係を問題とし、ミルが公的参加のもつ恩恵についてしばしば懐疑的であった、と指摘している。[3]確かに『自由論』を読むと、多数者、世論、そして感情の専制といった語が随所に見られ、全体としてそこに漂っているのは、当時の大衆に対する悲観的な空気である。先に見たように、ミルの見た当時のイギリス社会は、政治的には民主主義の進展、経済的には商業文明の発展に伴う、順応主義の高まりと受動的な性格の蔓延、さらには私的な利害追求にのみ没頭する人びとの姿であった。そしてミルはそうした大衆の拡張とその専制によって、個人が埋没し無意義になっていくこと、さらには人間の本性が弱められ消滅させられてしまうのではないか、ということを絶えず危惧していた。ミルはこうした事態について次のように言っている。

支配者としてであれ、同胞市民としてであれ、自分の意見や好みを他人に行為の規則として押しつけようとする人間の性向は、人間本性に付随するある種の最も善い感情と最も悪い感情によって、強力に支えられているために、権力をなくする以外、どんな手段によってもこれを抑制することはほとんどできそうにない。(4)

こうした専制傾向の高まりは、市民が政治や公的な事柄にかかわるようになり、社会の中で力をもつようになった、いわば参加の弊害と考えられる。そうした弊害においてミルがとりわけ警戒しているのは、そうした順応が、単に世間や集団の規範に対する受動的な黙認としてではなく、そうした規範に対する不同意や相違を抑圧する欲求として働くことにあった。これと同様の考えは「無誤謬性の仮定」に関する言及にも表れている。

私が無誤謬性の仮定と呼ぶものは、ある学説（それがなんであれ）を確信することではない。それは、他・

人にかわって問題の決定を引き受け、彼らには反対の立場の言い分をきくことを許さぬことである。[5]
（強調はイタリック）

つまり、異なる意見を受け入れず議論を閉じること、また、他人を支配する欲求として働くということを問題視している。ミルはこうした不寛容を当時の民主主義の根深い傾向とみなしており、これらのことをふまえただけでも、市民が参加することに対して、ミルがかなり否定的な態度を示していると言えるのかもしれない。一方に集団としての市民（大衆）の参加があり、他方で（これまで見てきたような）、個々人としての市民の参加の議論がある。ミルは前者に対して否定的な態度を、後者に対して、ザカラスの言葉を使えば、楽観的な態度を示している。こうした態度の違いを、私たちはどのように理解すればよいのだろうか。

まず、この参加に対する態度の違いは、ミルに帰せられるというよりも、民主主義そのもののもつ両義性、また民主主義という言葉のもつ多義性、あるいは曖昧性に帰せられるのかもしれない。ミルは民衆による統治としての民主主義を「すべての市民の平等[6]」として考えているが、そのことが同時に多数者の意志となることがありうるのである。この点についてミルは、トクヴィルの著作に関する書評の中で、諸条件の平等が平等の自由ではなく平等の隷従を生み出す危険がある、というトクヴィルの指摘に同意している。そしてこの後者の意味で、ミルは現状の社会に対して否定的な態度をとっている。

しかし、その一方で、まさにその現状から諸制度が作り上げられなければならないともミルは考えている。例えば、『統治論』の中でミルは、政治機構が「普通の人びとによって[7]」、また「現在あるとおりの人間のために、あるいは彼らが急速にそうなれる人間のために作られなければならない[8]」と言っており[9]、先の書評でも「統制のよくとれた民主主義と統制の悪い民主主義との選択の余地は、われわれにまだ残されており、人類の将来の福祉は、そのことにかかっている[10]」とも言っている。

こうした言及から考えると、確かにミルは、現状において社会の中に多数存在する参加の弊害を憂慮している。また現状の社会を形作っている人びととミルの考える市民像とが大きく異なるため、そうした人びとに対する評価が、参加に対する評価の違いとして現れているように見える。しかしながら、そうした普通の人びとこそが社会、つまり公的な決定にかかわり、社会を改善していく必要性を強調していることを考慮するならば、市民の参加について、ミルが態度を変えているわけではないと言えるのではないだろうか。

## 第三節　参加に対する二つの動機づけ

さて、ここまでの議論で、「参加」に対するミルの評価は明らかになったように思われる。ミルによれば、市民が実際に政治あるいは公的な事柄に参加することが望ましく、また、繰り返しになるが、そうした参加を「学校」に喩えたことからも明らかなように、公共精神を身につけた市民というものを考えている。では、ミルはそれをどのようにして身につけさせようとしたのだろうか。またその時、ミルは何を念頭に置いて参加という事柄を考えているのだろうか。この点を考えるにあたり「仕組み」と「自己陶冶」という二つの側面から考えていきたい。

### 一　仕組み

まず、ミルは『統治論』第二章で「すぐれた統治形態の基準」について論じている。ミルが統治形態や諸制度について考える際、その根本にあるのは、それらが「人間によってなされる行為からなる」[11]ということであり、ミルが積極的に参加を呼びかける理由もここにある。ミルは、統治や政治的諸制度について考える際に、その共同社会の諸構成員の「道徳的・知的・活動的な、種々の望ましい資質を、それらの制度がどれだけ促進する傾向にあるかということ[12]」が第一の問題となると言っている。また、『自由論』においても、「人が何をするかということのみならず、それをするのがどのような人々なのかということも真に重要なのである[13]」と言っているように、たびたびこの「資質」ということを問題としている。ただ、ミルが考えているように、社会（制度）が人間によって作られ、また人びとの資質が重要な意味をもってくるのだとしても、それらが作られたものである限り、良くも悪くもなるはずである。では、ミルはこの望ましい資質を促進するために、また悪くなる可能性を減らすために、何が不可欠であると考えているのだろうか。

この点については、『自由論』における「人は、自分の誤りを討論と経験とによって改めることができる[14]」という言及が参考になると思われる。義務として要求した参加の形態が何であれ、ミルが市民に期待したのは、単にその義務に服従することではなく、自ら考え、意見を主張することである。ただ、ミルによれば、人は誤りを犯さないわけではなく、根拠もなく自らの主張を絶対視するならば、それはミルが批判した無誤謬性を仮定することになってしまう。それゆえ、ミルは参加の中で、市民が自身の意見の根拠をすすんで吟味し修正すること、また受け入れられている意見に対して疑いを表明することができなければならない、と考えている。つまり、自らの意見を公的な吟味にさらすような、そうした自由な討論が必要だと考えているのである。では、ミルはそうした他人とのかかわりにどのような教育効果をみたのだろうか。この点についてミルは「ある人の判断が、本当に信頼に値するとした場合、どうしてそれはそうなったのだろうか」と問いかけ、次のように答えている。

彼が、彼の意見や行為への批判にいつでも心を開いていたからである。彼に対して、いわれうるすべての反対意見を傾聴し、その正当な部分すべてから利益を得て、自分自身に対してまた必要な時には他人にも、その誤りの誤っている点を説明することを、彼の習慣としてきたからである。また、人がある問題の全体を知ることにいくらかでも近づきうるのは、あらゆる多様な意見の持ち主たちによってその問題についていわれうることをすべて聞き、あらゆる性格の精神によって見られうるすべての見方を研究することによってのみなのだ、と彼が感じてきたからである。(15)

このようにミルは他人との自由な討論を通して、市民が自らの意見の根拠を確実なものとするだけでなく、相手の意見を聞くこと、また、相手の立場を想像する習慣を身につけることによって、利己的な考えや感情から抜け出すことができる、と考えている。こうした習慣は、公共善についてよく考え、公共的な動機から行動することといった、ミルが参加によって市民に身につけさせようとした公共精神とも結びつく。ミルが言うように、市民が公共的な動機から行動し、お互いを結びつけるような目的によって、自己の行動を導く習慣と能力がなければ「自由な政体の運営も維持不可能である」。(16)ミルは公共精神を身につけさせるために公的な義務や参加の制度が必要であると考えたが、それらは「自由で開かれた討論」が保証され、それによって支えられなければならないのである。[17]

では、そうした制度や自由で開かれた討論のような他者とのかかわりがあれば、公共精神は根づくのだろうか。この点について、ミルは別の箇所で「あらゆる意見のもつ党派的になる傾向は、自由な討論によって矯正されるものではなく、しばしばそれによって強められ悪化させられるものである」[18]と言っており、やはりそれだけでは不完全である。公共精神をどのようにして根づかせるのかについては制度的な側面とは別に自己陶冶という側面が考えられなければならないと思われる。

## 二　自己陶冶

ミルは、先にみたように、市民が実際の参加の「仕組み」を通して、市民が公的な関心をもち、社会全般の利益を尊重するのに必要な知的道徳的資質を身につけていくというのとは別に、その中で市民が自ら公共精神を身につけた存在へと自己陶冶していくという側面を重視していると思われる。それは言い換えると、ミルは公共精神を陶冶する義務を、市民が自ら担うことを要求していると言えるだろう。ミルが自由な社会にとって不可欠であると考えた公共精神の核にあるのは「公共への同一化という非利己的な感情」であり、これはまた「他人の幸福を自己の目的とする感情」[19]でもある。そうした感情から行為する存在へと自ら陶冶するという問題は、先に取り上げた性格形成の問題とも重なる。この、人間が非利己的な動機から行為する性格を自分自身で形成でき、その形成過程に主体的にかかわりうるかどうかということは、青年時代のミルにとって大きな問題であった。ミルが自己陶冶の必要性を認識したのは、先にも取りあげた、「精神の危機」を克服する過程においてであり、「非利己的な感情から行為する」ことが人間に可能であるという確信を得たのも、この経験を乗りこえた結果としてであった。

この経験から得たものの一つ目は、ベンサムの功利主義、とりわけそれが前提とする人間観の狭隘さに対する気づきである。ベンサムがその哲学の出発点としているのは「人間の行動は快楽と苦痛によって全く決定されている」ということにある。しかし、この「快楽と苦痛によって」ということで意味されているのは「予想される（*in prospect*）」「行為の結果（*consequences*）として期待される」快楽と苦痛であって、「行為に先立つ（*precedes*）」快楽と苦痛から人間が行為しうるという側面が見落とされている、とミルは言う。ミルはこの点について、もし人間が行為に先立つ快楽と苦痛から行為しうるということがありえないならば「人間が真に有徳であることはできないことになってしま[20]」い、ベンサムが「人間が精神的完成を一つの目標として追求できる存在であることを、……みずから立てた卓越性の基準に自分の性格を合致させることを、純粋にそのこと自体のために望むことができる存在であることを少しも認めていない[21]」として批判する。そして、重要なのは、こうした批判の後に、ミルが、道徳は二つの部分からなり[22]、外面的な行為を規制する部分だけでなく、人間が自分自身で感情や意志を訓練する「自己教育」という部分がある、ということを認識したことにある。ベンサムは前者しか問題にしなかったが、ミルは後者を「感情の陶冶」として把握し、人間が非利己的な動機から行為する性格を自分自身で形成できるということ、そしてそれへ主体的にかかわりうることに期待したのであった。

また、この期待が根拠をもつかどうかという点で、二つ目の問題、すなわち「哲学的必然性の理論」に伴う不安を乗りこえる必要性に迫られた。ミルが悩まされた不安とは、自分が先行する環境に支配されている無力な奴隷なのではないか[23]というものであった。この「必然性」の問題についての説明は、一章でもふれたので、ここで詳しくは説明しないが、ミルはこの環境決定論への批判を通して、人間の性格が「彼の環境……によって形成される」こと、そして、人間が「もし意志するならば、自分自身の性格を形成することができる[24]」（強調はイタリック）ということを主張する。また、この意志がどこから生じるのか、については、内的な経験から生じる性格形成を促す願望や感情からだと説明している。[25]つまり、劣等な精神の持ち主が、優秀な人物と接触することによって、現状の性格に苦痛を感じ、よりよい性格へと陶冶しようとするように、そうした願望を根拠とし、われわれが望むならば、自分自身の性格を修正できるという感情（道徳的自由の感情）、すなわち性格形成の意志をもつと主張するのである。

こうしてミルは、人間が因果性に拘束されながらも、自らの性格から行為する主体へ、そして望ましいと自らが考える性格へと自己陶冶しうる存在であるという確信を得たと言える。この確信は、例えば『統治論』における次の言及にも表れている。

学校は、学生と共に教師も前提としているのであり、その授業が有効かどうかは、それが劣等な精神を優秀な精神と接触させるかどうかに、大いに依存する。(26)

つまり、ミルは、劣等な精神の持ち主が、優秀な人物と接触することによって、現にもっている性格に苦痛を感じ、よりよい性格へと陶冶しようとする、そうした参加による市民の変化に期待をよせている。

ただ、そのような感受性が働くことを無条件に期待してよいかどうか、また、その自己陶冶が社会にとってよりよい方向（公共精神を身につける方向）に陶冶するという保証があるかという点については疑問が残るといえる。だが、それゆえミルは、先述の公的義務を伴う「仕組み」や他人とのかかわりも視野に入れているのである。

これらのことをふまえて、再度、ミルの「参加」についての考え方に注目するならば、そうした制度的側面があるにせよ、ミルが市民の自己の内面的な完成を重視していることは確かである。ミルは参加を「精神的道徳的卓越を行使するためのアリーナの一つ」とみなし(27)、そうした完成にむけたプロセスとして参加を捉えていると言える。

## 第四節　参加にかかわる二つの義務

これまでの議論において、ミルが市民の「参加」をどのように考えているのかについては明らかになったように思われる。ただ、ミルは市民として知的・道徳的にかなり優れた人を念頭においており、市民はさまざまな能力だけでなく、反省的で、利他的な態度を身につけていると言える。だが、そのように優れた、ある意味、有徳な人間になることを求めたミルの参加論に問題はないのだろうか。市民の問題に限らず、ミルの主張に対しては、必ずといってよいほどにエリート主義であるという批判が向けられるが、ミルの議論は、私たちに対して、単に理想の市民像を押しつけているということになるのだろうか。また、市民の問題は、社会の領域の問題であり、それゆえ、社会に対する責任ないし義務という問題が発生することは先に確認した通りだが、そもそも、さまざまな義務を課すことに問題はないのだろうか。とりわけ、自己陶冶するかどうかということは、ある意味、個人の領域にも踏み込むように思われるが、そのことは、ミルが主張した「危害原理」と対立しないのだろうか。

これらの疑問に共通しているのは参加と義務との関係、とりわけ参加において公的義務というよりは「公共精神を陶冶する義務」及び「自己陶冶の義務」を課せられること、また、それらを担うよう求められることへの違和感であるといえるだろう。こうした違和感ないし批判について考える前に、ミルが、そもそも「義務」をどのように考えているのかについて見ておきたい。

ミルは『功利主義論』第五章で、義務とは「人に強要してよいもの」であり「人に強要してよいと思わないものを義務とは呼ばない」[28]（強調はイタリック）と述べ、処罰によって強要されてよいということ（処罰可能性）がその本質にあると言う。つまり義務とは、社会の干渉が正当化されるものであり、道徳の領域に属する行為であると言える。では、先の「自己陶冶の義務」も、それを果たさなければ何らかの処罰を受けるということになるのだろうか。ミルは義務の説明の少し後で、適切な表現ではないと断りを入れつつも、二種類の義務、すなわち「完全な拘束力をもつ義務」と「不完全な拘束力をもつ義務」とを区別している。[29]前者は「一人またはそれ以上の人間にその義務と対応する権利をもたせるような義務」（強調はイタリック）である。また、後者は「行為そのものは拘束的であるが、それを行ういちいちの機会はわれわれの自由な選択にまかされている」義務であり、例として「慈善」や「恩恵」などを挙げている。ただ、ミルにとって、後者の義務は、厳密な意味において、義務とは言えない。というのも、そうした行為は他人とかかわり、何らかの影響を及ぼすかもしれないが、他人の権利を侵害するとまでは言えず、あくまでそれをするかどうかの判断はその本人が下すものと考えているからである。ミルは『自由論』で、二つの義務の関係を「他人に対する義務」と「自分自身に対する義務」という表現で次のように説明している。

自分自身に対する義務と呼ばれているものは、その場の状況上、同時にそれが他人に対する義務となるのでないかぎり、社会的に義務的なものではない。自分自身に対する義務ということばは、それが思慮分別以上のものを意味するときには、自尊あるいは自己発展を意味する。そしてこれらのどれについても、個人は、彼の同胞に対して責任があるわけではない。(30)

この義務に関する議論を「参加」という問題に置きかえると、社会の領域でおこなわれる参加には社会的な義務としての側面と自尊、自己発展という二つの側面があることがわかる。義務が問題となる領域、すなわち道徳の領域を二つに分けるという発想は、前節で見たように、「ベンサム論」の中にも見られ、道徳が人間の「外的行為の規制に関する」部分と「自己教育、すなわち自ら自分の性情と意志とを訓練する」部分とからなる、とミルは言っている。ただ、自己発展が個人の領域の問題であり、それが義務ではないということならば、すぐに理解可能であるが、参加はあくまでも社会の領域、つまり他人がかかわる領域の問題である。われわれはこの義務をどのように考えればよいのだろうか。

この点を考えるにあたり、ミルが『論理学体系』第六巻において示した「生活の技術（Art of Life）」の考え方を参照したい[31]。この考え方については、第一章でもふれたが、文脈が異なることもあり、ここで再度、簡単に確認しておきたい。「生活の技術」とは、行為や行為のあり方を評価する三つの価値原理である。それには「道徳」、「慎慮・政策」、「審美」という三部門があり、それぞれ人間の行為や仕事における「正しさ」、「便宜」、「美」または「高貴さ」を問題とする。つまり、ある行為が正か不正か、行為者自身の幸福の増大に役立つかどうか、行為者自身の性格が高貴かどうかという三つの基準から評価されるというのである[32]。もし自己発展が個人にのみかかわる事柄であるならば「慎慮」という部門に入り「便宜」が問題となるが、今問題となっている自己発展、つまり自分自身に対する義務は、他人へのかかわりないしその影響が視野に入ることを考えると、完全に個人の領域に収まるものではない。では「道徳」の部門の問題かというとそうでもない。ミルが強要してもよいと考える義務は完全な拘束力をもつ義務、すなわち他人に対する義務のみである。以上をふまえると、ミルにとって自己発展、つまり自分自身に対する義務は、社会の領域に含まれながらも個人の自由な裁量に任される部分にかかわるもので、それは「慎慮」だけでなく「審美」の部門にもまたがり、「美」ないし「高貴さ」の点からも評価されることになる。ミルの「完全な拘束力をもつ義務」と「不完全な拘束力をもつ義務」との区別は、こうした評価の枠組みといくらか重なるものと言える。ミルは社会の領域にかかわるような事柄を、市民が完全な義務というよりは自らの義務として引き受け、また自ら行おうとする能力を、社会が強制することによってではなく他人とのかかわりの中で、自由な選択によって身につけることに期待している。それはミルが「自由な社会」に不可欠と考えた公共精神の核をなす能力であり、参加によってもたらされると考えたものであった。

## 第五節　参加をめぐるいくつかの問題

さて、あらためて前節であげた疑問について考えよう。まず、市民に対してさまざまな義務を課すことがミルの危害原理と対立しないのか、という点については「しない」と答えてよいであろう。ミルは公的な義務として、選挙、陪審員、地方自治への参加などをあげているが、これらは社会の領域の問題であり、かつ自他の利害が問題となるので、社会の側で義務を課すことに問題は生じない。また、「公共精神を陶冶する義務」に関しても、確かに社会の領域にかかわる問題ではあるが、それを陶冶するかどうか、そうした義務を引き受けるかどうかは、あくまで個人の裁量に任され、個人の目的として理解されるものである。それゆえ、社会の干渉が問題にはならないと言える。

次に、ミルがエリート主義なのかという点については、ミルが市民の自己陶冶を主張することで何を問題にしているのか、という点に注目する。先に性格形成について触れたが、人間の行為にける因果法則の影響を認めるミルにとって、性格は行為の原因にあたり、個々の行為に一定の方向づけを与える。性格についてミルは「欲求と衝動が自分自身のものである人、自分自身の育成によって発展させられてきた本性のあらわれが、彼自身の欲求と衝動になっている人は、性格をもつ」[33]と言っており、他の人びとの伝統や慣習ではなく、その人自身の性格が行為の規則になっている人のことを「個性」をもつ人と呼んでいる。ミルが当時の社会に対して憂慮しているのは、性格や個性の素材となる欲求や衝動がそもそも生じにくくなっているという事態である。ミルは随所で活動的な性格、精力的な性格の望ましさについて触れ、また知的、道徳的資質と並んで活動的な資質を重視している。なぜなら、そうした性格は「怠惰で無感覚な性格よりもつねに多くの善をうみだしうる」[34]からである。こうしたミルの主張と、これまで検討してきた市民の問題と重ね合わせるならば、理想的な市民の問題は個性の発展の問題でもあり、そこで考えられている「個性」は、ミルにとって何ら特別なものではなく、誰もが手にしうるものと言える。それゆえ、ミルに対しエリート主義という批判はあたらず、また『自由論』の主要な論点が「意見と行動の多様性」及び「性格の多様性」であることを考慮するならば、ミルがある特定の理想的市民像を押しつけているということにもならないと思われる。

ただ、こうしたミルの主張に問題がないわけではない。ミルは、当時の社会に見られた専制傾向の中で埋もれた市民の陶冶の可能性を、一方で個人の自由を確保し、他方で他人とのかかわりを通して、また義務を課すことによって掘り起こし、伸ばそうとした。そこには、参加によって市民が変わりうるというミルの確信がある。ただ、社会の仕組みや他人とのかかわりを視野に入れたとしても、自分自身に対する義務として課された自己陶冶が個人の裁量に任されている限り、市民が参加した後、ミルが期待するよう変わるかどうかは微妙である。それはあくまでも可能性にすぎないと言えそうである。ミルは「感情を養うのは行為である」と言うが、それで行為の動機として十分なのかどうかという点については、さらなる検討が求められると思われる。

ここまでミルの自由に関する主張に注目し、ミルの政治あるいは社会に関する言説を中心に考察をおこない、市民社会について、つまり市民と市民の参加について、ミルがどのように考えているのかについて明らかにしてきた。ミルにとって、「危害原理」に関する議論においては、個人の自由（市民的自由）だけが問題なのではなく、意志の自由が念頭に置かれていること、また市民社会に関する議論においては、個人の領域における自由だけでなく、社会の領域における自由も重視していることが確認できた。このようなミルの主張からわかるのは、ミルが考える個人や市民が、社会の中で、つまり、他人とのかかわりの中で生活する存在であるということである。また、どちらの領域にかかわるにせよ、そうした自由が求められる理由としては、ミルが個人ならびに市民の陶冶の可能性に目を向けており、公共精神を身につける、そういうプロセスに期待しているからである。

さて、自由に関するミルの主張についてはここで一旦置き、次に、ミルの功利主義者としての側面に注目していきたい。

注

（1）CRG, p. 404
（2）Ibid., p. 401
（3）Zakaras は、参加に対して否定的なミルの主張を「順応的民主主義 Conformist Democracy」、楽観的な主張を「推論的民主主義 Discursive Democracy」と区別し、ミルがこの区別をせずにうろうろしていると主張し、ミルの民主主義論の要が「参加」ではなく「個性」概念にあるとしている。A. Zakaras, John Stuart Mill, Individuality, and Participatory Democracy, in N. Urbinati and A. Zakaras ed. *J. S. Mill's Political Thought : A Bicentennial Reassessment*, Cambridge, 2007
（4）OL, p. 227
（5）Ibid., p. 234
（6）CRG, p. 448
（7）Ibid., p. 376
（8）Ibid., p. 445
（9）同様の言及として、理想的に最良の統治形態が「文明のあらゆる状態において実行可能なあるいは望ましい形態を意味するのではなくて、それが実行可能で望ましい事情のもとで、直接および将来にわたり最大量の有益な結果を伴うものである」（CRG, p. 404 強調は引用者）と言っている。

(10) TD(1), p. 56
(11) CRG, p. 390
(12) Ibid., p. 390
(13) OL, p. 263
(14) Ibid., p. 231
(15) Ibid., p. 232
(16) Ibid., p. 305
(17) また、ミルは『統治論』の中で次のように言っている。「個人が、不十分な保護の状態についての配慮や懸念から解放されるならば、彼の諸能力は、自分及び他人の状態の改良のための新たな努力に、自由に使用される。他方で同じ原因は、……他の人びとへの親切と友愛の全感情と社会の全般的福祉への正しい関心を促進するのである」（CRG, p. 386）
(18) OL, p. 257
(19) Ibid., p. 266
(20) RBP, p. 12
(21) B, p. 95
(22) Ibid., p. 98
(23) A, p. 175
(24) SL, p. 840
(25) Ibid., p. 841
(26) CRG, p. 539

(27) cf. W. Donner, John Stuart Mill on Education and Democracy, in N. Urbinati and A. Zakaras ed. *Ibid,*
(28) U, p. 246
(29) Ibid., p. 247
(30) OL, p. 279
(31) SL, pp. 949–950
(32) 関口正司『自由と陶冶——J・S・ミルとマス・デモクラシー』（みすず書房 一九八九年）三七三-三七五頁を参照。
(33) OL, p. 264
(34) Ibid., p. 263

# 第四章

# ミルの功利主義

ここまでの章ではミルの自由に関する主張に注目し、とりわけ、社会の領域における自由の担い手としての個人ならびに市民、そして市民の参加という側面に焦点をあて、ミルの市民社会についての視座を確認してきた。ここからは、ミルの功利主義者としての側面に注目し、ミルの功利主義を支えている「行為者（agent）」がどのような存在なのか、言い換えると、ミルが功利主義に根ざした主張を展開する際に、どのような人間観を念頭に置いているのか、ということを見ていくことを通して、ミルの功利主義がいかなる特徴をもつのかを明らかにしていきたい。

最初にも言及したように、ミルはベンサムに次ぐ、あるいは同等に有名な功利主義者である。功利主義とは、快楽を善、苦痛を悪とし、快楽を生み出す程度に比例して正しい行為、逆に苦痛を生み出す程度に比例して誤った行為と考え、また、行為者個人の幸福ではなく、社会全体の幸福を道徳や社会制度の判断基準とする理論である。そして、その基礎にある原理が「功利原理」である。この原理について、ベンサムは「功利性の原理とは、その利益が問題になっている人々の幸福を増大させるように見えるか、それとも減少させるように見えるかの傾向によって、……すべての行為を是認し、または否認する原理を意味する(1)」と説明している。そして、この「功利原理」あるいは「最大幸福原理」のみを道徳や制度の判断基準とする立場は、ミルの父であるジェームズ・ミルを経て、その息子のミルへと引き継がれていく。

ミルは自身の功利主義について、次のように説明している。

「功利性」または「最大幸福原理」を道徳的行為の基礎として受け入れる信条に従えば、行為は、幸福を増す程度に比例して正しく、幸福の逆を生む程度に比例して誤っている。幸福とは快楽を、そして苦痛の不在を意味し、不幸とは苦痛を、そして快楽の喪失を意味する。この説が立てた道徳の基準についいて明確な意見を述べようとすれば、まだまだ多くのことをいわねばならない。……しかしこういう補足的な説明は、この道徳理論が基づいている人生理論――すなわち、快楽と苦痛の不在が、目的として望ましい唯一のものであるという人生理論、さらにすべての望ましいものは、その中に含まれた快楽のために、または快楽を増し、苦痛を防ぐ手段として望ましいのだという人生理論――には影響を与えない。(2)

ミルによれば、功利原理は、目的として快楽が望ましく、その他の望ましいものはすべて快楽を得る手段として望ましいという「究極目的」「人間活動の目的」にかかわる部分と、行為は、幸福を増す程度に比例して正しく、幸福の逆を生む程度に比例して誤っているという「道徳の基準」にかかわる部分という二つの部分からなり、その点が、ベンサムよりも強調されているといえる。

また、後でもふれるように、ミルはこうした原理を支える人間観として、ベンサムの人間観、すなわち、人間がもっぱら快楽を求め、苦痛を避けるということのみを動機として行動し、自己の利益を最大化しようと理性を働かせるという意味で合理的、快楽主義的な存在として理解する人間観を拒絶する。そして、古代ギリシア的な要素をはじめ、理想主義的な要素、あるいは、ロマン主義的な要素を取り入れ、ベンサム流の功利主義を修正していくことになる。

さて、これからミルの功利主義を支える「行為者」について考察するにあたり、まず、この功利主義の修正にかかわるミルの思想形成期、すなわちベンサムとは異なる人間観をミルが獲得する過程に注目したい。ミルはいわゆる「精神の危機」と呼ばれる経験を乗りこえることを通して、この人間観を獲得していくことになる。

## 第一節　人間観の獲得

ミルの思想形成期において、重要な意味をもっているのが、彼が二〇歳の時に経験した「精神の危機」と呼ばれる経験である。ミルは一八二六年の秋に、それまで人生の目的を与えてきたベンサム主義に幻滅し、深刻な意気消沈した状態に陥る。ミルは『自伝』において、当時の経験について次のように振り返っている。

それは、一八二六年の秋のことであった。私は、誰でも時にはそうなりがちであるように、神経が鈍くなったような状態に陥った。すなわち、楽しみも快適な刺激も感じられなくなり、別のときならば快楽であることが、つまらなくどうでもよいことのように思われた。……私は「あなたの人生の目的がすべて実現し、あなたが切望している制度や意見の変化が今直ちに完全に実現することができたと考えてみよ。このことは、あなたに大きな喜びと幸福を与えるだろうか。」と直接自分自身に問いかけてみたくなった。そして抑えがたい自己意識は、はっきりと「否」と答えた。この瞬間、私は意気消沈し、私の生活がその上に築かれていたすべての基礎が崩れ去ってしまった。私のすべての幸福はこの目的を常に追求することの中に見出されてきた。その目的が魅力を失った以上、手段に二度と再び抱くことがどうしてできるであろうか。私には生きる目的が何もなくなってしまったように思われた。(3)

「精神の危機」とは、簡単に言ってしまうと、それまでの自分（自分の性格）が、結局のところ他人の快苦操作によって築かれていたことへの気づき、それゆえ自分が単なる受動的存在者にすぎないという認識による、人生の意味の喪失の経験といえるだろう。ミルが幼少期に父ジェームズにより受けた英才教育は有名だが、ミルは「危機」の原因として、そのベンサム主義的な初期教育の欠陥をあげ、観念連合心理学に基づく教育が、破壊的な「分析の習慣」をもたらす一方で、その破壊力に耐え得るだけの強い感情を形成するのに失敗したのだと説明する。(4) つまり、観念連合論によれば、教育や習慣によって、本人の快苦の観念とそれとはまったく関係のない観念でも結合可能であると考える。そして、こうした結合が形成されると、本人と無関係の観念でもそれが想起される時には、つねにそれに並行して快苦の観念が生じ、それゆえ本人に無関係な観念によって人間の行為をコントロールすることができることになる。それに対し、観念連合論に基づく分析とは、これとは逆のプロセスを行うということになる。つまり、分析によってミル自身の快苦と、それとは無関係の観念に分解されるのである。では、その無関係の観念とは何であろうか。それは、当時のミルが政治改革に邁進していたことを考えると、改革達成の観念であり、そして、それをミルの快苦の観念に結びつけたものこそ父ジェームズによる教育であった。つまり、ミルは自分の行為の動機が他者、すなわち父による快苦操作によって形成されていたにすぎない、という考えに至ったわけである。ミルは目的に対する欲求を失い、早期教育を推しすすめ過ぎたがために、分析的になり過ぎた自分自身の性格と、それを補う感情の欠如に対し絶望感を抱き、自らの行為に意味を見出せなくなってしまったのである。ミルにとって「精神の危機」とはこのような経験であった。

ミルは半年ほど経った一八二七年になって、一応この状態を脱した（その後何回かぶり返した）が、その経験を克服する過程、ないし克服した結果において「意見と性格に二つの極めて顕著な影響(5)」が与えられた。その二つとは幸福感が変化したこと、そして感情の陶冶を重視するようになったことである。まず、幸福感についてミルは、幸福は「幸福を直接の目的としないことによって初めて達成されると考えるようになった」と言っている。つまり、ベンサム的な功利主義を基礎にするならば、幸福とは行為の結果となる。政治改革に邁進していた「危機」以前のミルの姿に重ね合わせるならば、その活動の結果として得られるミル自身の幸福感ということになる。しかしながら、そうなるとその活動が達成されるにつれ、幸福感は枯渇していくことになる。それゆえ、自らの幸福を直接的に目的とせず、他の目的をめざす途中で、間接的に幸福を見出すという考えに至ったのである。また、感情については「受動的な感受性も能動的な諸能力と同様に陶冶する必要がある」ことを経験から学び「感情の陶冶が私の倫理的、哲学的な信条の確信の一つになった」と言っており、内面を陶冶することの重要性を認識するようになった。

さて、この経験を境に、ミルのベンサムに対する評価も大きく変わることとなった。すなわち、ベンサム主義的な人間観、そして、それに基づくベンサムの理論に重大な欠陥を認識したのである。では、ベンサムならびにベンサム主義的人間観のどこに問題があったのだろうか。

## 一　ベンサム主義批判

ベンサムの著書『道徳および立法の諸原理序説』の第一章は次の有名な件で始まる。

自然は人類を苦痛と快楽という、ふたりの主権者の支配のもとにおいてきた。われわれが何をしなければならないかということを指示し、またわれわれが何をするであろうかということを決定するのは、ただ苦痛と快楽だけである。一方においては善悪の基準が、他方においては原因と結果の連鎖が、この二つの玉座につながれている。苦痛と快楽とは、われわれのするすべてのこと、われわれの言うすべてのこと、われわれの考えるすべてのことについて、われわれを支配しているのであって、このような従属をはらいのけようとどんなに努力しても、その努力はこのような従属を証明し、確認するのに役立つだけであろう。(6)

ここでミルが問題とするのは、人間の行為が快楽と苦痛によってのみ決定されているということであり、それがベンサムの哲学の出発点になっているということである。ミルによれば、そのことが人間性に関して、見過ごしてしまう側面があるというのである。ミルは、「ベンサムの哲学」という論文の中で、ベンサムの誤りの源泉が、功利性の原理を特定の結果の原理と混同したことにあると指摘している。つまり、ベンサムが「快楽と苦痛によって」ということで意味しているのは、「予想されると期待される」すなわち「行為の結果として期待される」快楽と苦痛であり、「一般的に行われたならば生み出すと思われる結果だけ」から行為を評価しているというのである。そして、そのことは欲求(desire)と嫌悪(aversion)(つまり、その行為をすることで快楽を感じると予想することによって「～したい」と感じること、また苦痛を感じると予想することによって「～したくない」と感じること)に行為の動機を求めることであった。(7)しかし、ミルが「危機」の経験の中で感じたように、行為の動機を、行為の結果感じると予想される快楽にのみ還元することは、幸福感の枯渇を予想させることがありうる。すなわち、幸福が得られない可能性があるというのである。ミルによれば、このような快苦は動機の一部に過ぎず、「われわれの行動を決定する苦痛や快楽には、行為のあとに生じるものもあるが、行為に先立つものもある」[8]というのである。ベンサムが行為の動機として念頭においているものは、「刑罰に対する恐怖」や「良心の呵責に対する恐怖」である。これらは行為をなしたあとで予想される苦痛であり、ある一定の熟慮が必要とされる。これに対し、ミルは、例えば、行為を差し控える場合のように、ある行為をなす人が、その行為をなすという考えそのものにひるみ、彼自身がその行為をなす立場に置かれていると思うことが苦痛となり、（精神的肉体的に）力を失ってしまうことにより行為を差し控えることがあるのだ、ということである[9]。ここでは、差し控えるという行為そのものが欲求の目的となっており、そして、その人は熟慮なしにそうしているのである。ミルがここで念頭に置いているもの、それは「良心の呵責」や「道徳的義務の感情」といった非利己的な感情そのものからなされる行為である。そして、こうした感情から行為する性格をミルは重要視している。

この点については、後に『論理学体系』第六巻第二章の中でも、行為の動機が、快楽または苦痛を予想しているとは限らず、目的（purpose）もあると言われ、この「目的」は「意志する習慣」であると説明されている。つまり、私たちはある行為が快であるから意志するという習慣を得ると、最後には、それが快であることに関係なく、これを意志しつづけることがあるというのである。ミルは、そう説明した後に「性格」について次のように言っている。

われわれの目的がはじめは起源としていた苦痛や快楽の感情から独立になったときにのみ、われわれは確固たる性格をもつと言われる。(10)

ベンサムは行為の特定の結果を強調するあまり、行為が発するところの精神状態ならびに性格と行為の関係に目を向けなかった、ということがミルにとっての問題であった。つまり、行為にはある程度性格を反映するという面があるのである。

どんな行為でもその行為の起源である精神状態または性格を固定化し永続化しがちであるということは、ほとんど例外なしに認められる。(11)

それゆえ、性格の形成と人間性の内面的な働きについて、ベンサムよりも深い洞察が要求される。ミルは、ベンサムが「人間を……内面的な『良心』を権威とし、精神的完成を目的にして努力し、自分の性格を高い基準に合わせて生きようとする存在として捉えなかった(12)」として批判する。ミルがベンサムに読みとったもの、それは、自己の利益、すなわち、「功利計算」[13]により自分の行為の結果得られるであろう利益を優先する快楽主義的な、そして合理的な人間観であった。もしも、ベンサムの考える通りであるならば、利他的な行為は、利己的な利益に一致するかぎりで、つまり条件付きでのみおこなわれるということになってしまう（強調は筆者による）。ミルは、そこにベンサムの人間観の狭さと、そのことから当然帰結するベンサムの道徳論の不完全さを読みとったのであった。ただ、ミルは、行為の動機として「行為のあとに生じる結果」、あるいは、利己的な利益を否定したわけではない。行為は、時には、自己の利益によっても決定されるが、「良心」や「義務の感情」などを基礎にもつ社会的な関心から、さらには衝動や感情といったことからもおこなわれることがあるのである。ミルが批判したのは、そのことだけから道徳論を組み立てるということに対してであり、ミルには、人間の行為の動機を利己的動機にのみ還元することは、人間の主体的な行為を否定することになると思われ、それがベンサムの道徳論の一面性を示すものと考えられたのである。

　先にもふれたように、ミルは道徳には二つの側面があると考えていた。つまり道徳には、外面的な行為を規制する部分だけでなく、人間が自分自身で感情や意志を訓練する「自己教育（self-education）」という部分があるという」のである。ミルは人間の道徳的な完成の可能性を「感情の陶冶」として把握し、それに期待した。

ミルが求めたもの、それは人間が非利己的な動機から行為する性格を自分自身で形成できるということに対する期待であった。

しかし、こうしたミルの期待を確信に変えるためには、まだ残された問題があった。それは先に見たように、結果の概念をひろげ、そして行為の動機の多様な側面を認めることによって得た性格形成の可能性への期待が、はたして根拠を持つのかどうかという問題である。ミルは、こうした性格形成への期待とは裏腹に、「危機」の経験後も、自分がつねに先行する環境に支配されている奴隷ではないかという不安を持っていたことを『自伝』において告白している。[14]この不安の背景にあったのがオーウェン主義に基づく環境決定論であり、ミルはこの考えとの対決を通して、自らの人間観を獲得していったと言える。

ただ、この「意志の自由」をめぐる問題は、これまでたびたびふれているので、ここではごく簡単に要点を確認するにとどめたい。

## 二　オーウェン主義批判

ミルは、『論理学体系』第六巻第二章「自由と必然」の中で「意志の自由」を問題としている。

まずミルは、人間の行為が因果的に説明できると考えている。先に引用した、ベンサムの『序説』の冒頭における、原因と結果の連鎖が苦痛と快楽につながれているという部分に関して、ミルは何ら批判しているわけではない。つまり、何らかの結果としての行為は、その原因にさかのぼれるという意味において、また因果法則を求めるという意味において、人間の行為は必然的である。ただ、ミルが「宿命論」と名づける、いわゆる「必然論」は、その必然性を「抵抗不可能性」を意味するものとして理解し、原因による結果の支配、すなわち環境による決定を過度に強調する。つまり、人間の欲求や行為は性格によって、またその性格はそれに先行する環境によって決定されるゆえに、人間は為すことや、あることに対して責任を持てず、それらに主体的にかかわることもできないと主張するのである。そして、そうした考えの典型が、オーウェン主義の環境決定論であった。ミルは、環境が性格をつくることは認めるが、ミルにとって、因果関係における必然性は、単に「継起の斉一性」を意味するにすぎない。つまり、それは、ある原因は対抗する原因がないかぎり、つねに特定の結果をもたらすということに過ぎず、人為の関与を全く受けつけないというものではないのである。言いかえると、人間は環境に対し介入し、影響を与えることができ、そうすることで性格を修正することができるというのである。ミルはこうして、環境決定論との対決を通して、人間が、性格形成の願望を持つことができること、また、意志の自発性としての「道徳的自由の感情」をもつことができること、そして、私たちは社会によって作られるだけでなく、自らを作り上げる存在であるという確信をもつに至った。

ミルは、ベンサム主義的な人間観を批判ならびに修正し、オーウェン主義的な人間観を否定することによって、すなわち、その二人の影響を乗り越えることを通して、独自の人間観を形成する必要性に迫られた。そのことがこれから問題にする「個性の問題」に代表される「陶治」をめぐる議論の基礎になったと言える。そして、その中心には人間が非利己的な動機から行為できるという確信を持つに至ったこと、つまり人間が現実に主体的にかかわることのできる能動的主体として、また道徳的主体として立ちうる、という確信が得られたのである。

考えてみれば、「危機」の経験の本質にあったもの、それは、ミル自身が自分の行為の動機が、他人（父）による快苦操作によって形成されていたということ、それゆえ、自分が受動的存在者に過ぎないのではないか、という意識および認識であった。つまり、その乗り越えようとしていたものこそ、ミル自身の姿であったとも言えるかもしれない。ミルが確信を得たように、人間は因果的に制約されながらも、何らかの願望をもち、その願望に基づいて、未来の行為を選択する可能性をもち、そして、その選択に対し責任を引き受けることができる、そういう存在者なのである。私たちがこの章において問題としている、ミルが望ましいと考える「行為者」の根底にはこのような「選択の可能性をもつ」という人間観が横たわっているということが、ここまでの考察で確認できたと言えるだろう。

では次に、その「行為者」には何が要求され、いかなる特徴をもつのか、ということを念頭に置きつつ、「個性」をめぐる問題について考えていきたい。

# 第二節　「行為者」の条件

ミルは『自由論』第三章「幸福の一要素としての個性について」において「個性」ならびに「個性の発展」について論じている。その際、ミルが強調するのが、人間は選択する存在である、という人間観であるように思われる。これまで何度がふれたが、ミルの『自由論』を中心とする著作に一貫して漂うのは、当時の民衆や世論の状態に対する悲観的で、否定的な評価である。ミルは、ある意味において、人類の進歩を自明視しているところがあるが、その進歩にとって不可欠であると考えたのが、道徳教育と世論の役割であった。

『自由論』において繰り返し言及するように、多数者の専制傾向の高まりによって個人が大衆のなかに埋没し、ますます無意義になっていくこと、つまり個性を失うことをミルは危惧した。それゆえ、ミルは「危害原理」を提示することによって、個人に対する社会の干渉や権力の行使を制限する基準を明確にし、他者に危害を及ぼさないという制限のもとで、個人が自由にふるまえる領域を確保する必要を訴えた。なぜなら、その個人が主権をもつ領域においては、「生活の実験」、すなわち、その人が価値があると思うことを実際にやってみることが可能となり、そのことを通して個性の主張および個性の発展が可能となると考えるからである。他者に関係しない事柄においては、個性が自己を主張することが望ましく、そして、個性の発展が幸福にとって最も本質的な要素であると考えるのである。私たちは、この「個性を発展させた人」がどのような人であり、何が要求されるのか、という点についてこれから見ていく。その考察を通して、ミルが望ましいと考える「行為者」に対してかなり近づくことができ、より具体性を帯びたものとして捉えることが可能になると思われる。

## 一　「個性」をめぐる問題

この人間観を考察するにあたり、まず「性格」の概念に注目する。先に確認したように、人間の行為における因果法則の影響を認めるミルにとって、性格とは行為の原因にあたり、個々の行為に一定の方向づけを与える。ミルは性格をもつ人について次のように説明している。

欲求と衝動が自分自身のものである人、自分自身の育成によって（by his own culture）発展させられ変化させられてきた彼自身の本性のあらわれが、彼自身の欲求と衝動とになっている人は、性格をもつといわれる。欲求と衝動が彼自身のものでない人は性格をもたない。それは、蒸気機関が性格をもたないのと同様である。(15)

また、個性を持つ人についてミルは、他の人びとの伝統や慣習ではなく、その人自身の性格が行為の規則になっている人と説明している。ここでの「性格」と「個性」の関係はどのような関係にあるのであろうか。

「性格」とは個性をもつ人がその条件としてもつものである。ミルが「欲求と衝動が自分自身のものである」という時に意味されている欲求や衝動は、その直後の言い換えでも明らかなように、「自分自身の育成によって発展させられ変化させられてきた彼自身の本性のあらわれ」としての欲求と衝動であり、単に受動的な欲求や衝動にその人が突き動かされているのではない。こうした言及もまた「危機」の経験以降の人間観に裏づけられていることがわかる。そうしたことを考えると、個性的な人とは、自らの理性によって欲求と衝動を支配しているような人が、その人の性格を行為の規則として、理想の性格を目的に行為することを意志することができる人のことなのである。「性格」や「個性」をもつということはミルにとって「能動的な」事柄を意味しているといえる。

さて、ミルは「個性を発展させた人」を望ましいと考えているが、具体的に、そうした人間の特徴をどのようなものとして考え、何を発展させる必要のあるものとして考えているのだろうか。

まず、ミルはそうした人間に対し、人間固有の能力（faculties）をもつこと、例えば「知覚、判断力、識別感情、精神的活動、道徳的選好」などをあげ、そうした諸能力を保持し、そして、それを使用し、選択することを通して訓練し、育成することの必要性を説いている。(16)

経験を自分自身の仕方で活用し解釈することは、諸能力が成熟に達した人間の特権であり正当な条件である。(17)

しかしながら、そうした諸能力全般ではなく、ミルが「行為者」にとって発展させることが重要な意味をもつと考えたと思われる個々の能力についても検討したい。それらは「欲求と衝動」「感受性」「知的能力」「想像力」の四つの能力である。

まず最初に、ミルは、能力ではないものの、欲求や衝動を人間性の一部として陶冶し、強い動機をもつことを重視している。一般的に、欲求や衝動は、ましてやそれらが強すぎることは、他の人に対する危険をもたらしたり、その人を誘惑に駆り立てたりという理由から敬遠される。しかし、ミルはそれらがわれわれ自身のものでなければならないと言う。

欲求や衝動は信念（beliefs）や自制心（restraints）とまったく同様に、完全な人間（a perfect human beings）の一部なのである。(18)

つまり、欲求や衝動が多く、変化に富んでいるということは、ミルによれば、人間性の素材を多くもっているということになる。それらを陶冶することによって、より活発な性格になる可能性がある。確かに、その中には望ましくないものや危険なものもあるかもしれないが、そのことによって人は誤った行動をとるのではない。ミルによれば、「人が誤った行動をとるのは、願望が強いからではな」く、「良心が弱いから」なのであり、「強い衝動と弱い良心のあいだにはなんの自然的なつながりもない」と言う。そのつながりはむしろ逆であり、そうした欲求や感情が強いことが「多くの悪をなしうるかもしれないが、確実により多くの善をもなすことができる」のである[19]。

ただ、こうした自然な感情を多くもつことは望ましいが、それにただ従って行為することが望ましいわけではない。「性格」に関する先の引用からも明らかなように、強固な意志、つまり理性の支配下にあることが望まれる。つまり、性格をもつだけでなく、欲求と衝動が強く、さらにそれらが理性の支配下にあるとき、その人は精力的な（energetic）性格をもつということになり、そうした人間であることをミルは奨励するのである。こうした主張の背景には、文明化した社会で「人間本性を脅かしている危険は、個人的衝動と選好の過剰ではなく、不足している[20]」というミルの認識があるといえるだろう。

二つ目に、ミルが陶冶することが必要であると考えているものが「感受性（susceptibilities）」である。これは、ミルが「危機」の経験の中から学んだことでもある。

私は今や、受動的な感受性も能動的な諸能力と同様に陶冶する必要があること、そのような感受性に導かれるのと同様に、それが養われて豊かにされなければならないことを、経験によって学んだ。[21]

ミルは感受性とともに享受する能力も同様の意味で陶冶する必要性を強調している。こうした態度は「危機」の経験を通して変化したミルの幸福観とも関連する。つまり、幸福へ至るプロセス、そして、その幸福を目指す行為そのものに幸福を感じるという側面を見逃してはならないという考えである。私たちは行為を通して、さまざまな感覚を得、経験を重ねていく。それゆえ、先の引用にもあるように、経験を自分自身の仕方で活用し、解釈するためには、そうした経験を受け取るということ、そして経験から得られる快苦を受け取ることができ、そしてさらに、それらを享受できるということが条件となってくるのである。つまり、ミルが「感受性」で意味するのは、「快の感受性」である。それはミルが経験から学んだと言うように、知的教養を補うという意味でも重要視している。

さらに、別の理由からも感受性を重要視している。『自由論』の中で、ミルは次のように言っている。

個人的衝動を生き生きと力あふれたものにすると同一の感受性が、また、徳へのもっとも強烈な愛と、もっとも厳格な自制心を生む源泉なのである。[22]

この引用から、先述の、欲求や衝動の陶冶と感受性が密接な関係をもつことがわかる。つまり、強い感受性は、生き生きとした欲求や衝動を産みだし、善へと至る可能性がそれだけ大きくなる。それゆえ陶冶されることが望ましいのである。

三つ目に、ミルが陶冶することが重要であると考えている能力が「知的能力」である。ミルが知的能力ということでまず意味するのが自分で考える能力である。ミルは自分の幼少時代の教育がある面では欠陥を含むものの、この自分で考える能力を身につけるという面では正しかったと評価している。さらに、なぜ知的能力の発展が必要かというと、ミルが、「われわれは絶えず、何らかの事柄について何が本当に真実であるかを知る必要がある(23)」と言うように、それが真理認識にとって重要であるからだと言える。そして、観察と推論という方法によって真理を探究する際に、人間の知性はもっとも活発に働くというのである。ミルにとってなぜ「真理」が重要かというと、真理を知ることが、真理に基づいて行動しようとする気持ちを抱かせる早道だと考えているからである(24)。つまり、真理を知ることによって、私たちは正しい動機を形成することができる。それを所有していることによって、人はよく活動でき、そして、それが功利原理の適用にとって不可欠である、と考えているためである。ミルにとって、知的能力を陶冶することは、知的教養をもち、理性の決定に従う存在者であるということに等しい。つまり、自分で考え、知的教養をもつことによって、私たちは理性的にふるまうことが可能になる。確かに、ミルが経験したように、人為的に教え込まれただけの知的教養は崩れる危険はあるものの、自分で考え、理解することによって獲得した知性、および知的能力は陶冶されることが望ましいのである。

そして、最後に、「想像力（imagination）」をもつことが重視されている。この想像力は、ミルがベンサムに欠けていたと考えた能力であったが、想像力を介した人間理解の重要性を主題として扱った「ベンサム論」という論考の中で、想像力について、次のように説明している。

一人の人間が他者の精神や環境のなかに入り込んでいくときに必要な力である。……それなしには、環境が実際に経験させてくれ登場させてくれる以上に自分自身の本性ですら知ることができないし、他者の本性についても、彼らの外的な行為の観察から可能となる一般化以上のものを知ることができない。[25]

想像力は、他人の経験を理解することやその人の表面に出てこない（まだでてきていない）性質を知るために必要とされる。また、それは自分自身にとっても同様である。つまり、自分自身を観察する、そして内省することを通して、自らを理解する上でも必要なものであった。ミルにとって想像力とは、外部世界を認識する「観察」とならぶもう一つの認識能力として、もつことが重要なものであった。

さて、「行為者」にとって、発展させることが重要な意味をもつと思われる能力ならびに自然の感情の陶冶ということを通して、私たちは「行為者」にとってどのような要素を引き出すことができるだろうか。

ひとは選択を通して、さまざまな能力を向上させ、その能力を使用することによって行為を選択する。この行為選択にあたって個性的である人にもっとも強く求められるのが理性の働きであり、「知性」である。そして、その知性のよりどころとしてミルが依拠しているのが「功利計算」である。ひとは自らの理性の統括のもとに、自然の感情を支配し、そして、あらゆる能力を使って、功利計算を行う。この際、ミルがもっとも重要視するのが、自らがそれを行うこと、つまり「自発性」である。習慣に従うという一つの行為を取り上げるにしても、「それが習慣だから」という理由で選択したのであれば、それは選択したことにはならない。少なくとも、自発的に選択したということにはならない。功利主義者であるミルにとっては、やはり、行為の正当化根拠は、功利計算に求められる以上、あらゆる能力およびその他の考慮すべき事柄をふまえて自らが行う功利計算の結果として選択されるのでなくてはならない、と思われる。「行為者」は功利計算を繰り返すことにより、そして、最善のものを見極める訓練をすることによって、社会の最大幸福にむけて行為を選択するのである。ミルが「行為者」に要求することは、まず、自発的な「知性的行為者」であることである。

しかしながら、ミルはベンサムの人間観に対してと同様、直前で言及した、功利計算に関しても修正を施すことになる。それはよく知られているように、快楽（幸福）を評価する際に、「量」だけではなく、その「質」も考慮に入れるということである。そのことは、ミルの功利主義にとって、その独自性を示すという点では大きな意味をもっていたものの、逆に大きな問題も孕むこととなった。つまり、それは功利計算において、その「快楽の質」をどのように考慮に入れるのか、という問題である。私たちはこのことを念頭に置きつつ、快楽の質を判定する「有資格者」とよばれる人びとに注目することを通して、ミルの「行為者」についてさらに考察をすすめていきたい。

## 二　快楽の質と有資格者

ミルは『功利主義論』第二章「功利主義とは何か」において、「快楽の質（quality in pleasures）」の差について論じている。ベンサムとミル両者において、行為の判断ならびに行為を正当化する根拠は功利計算に求められる。しかしながら、ベンサムが快楽を量に還元し、数値化するのに対し、ミルはそれだけでは快楽（幸福）を評価するには不十分であるという立場をとる。その立場を明確に表現している一節が、有名な、「満足した豚であるより、不満足な人間である方がよく、満足した馬鹿であるより不満足なソクラテスである方がよい(26)」という言及である。すなわち、快楽には高級な快楽（the higher pleasures）と低級な快楽（the lower pleasures）があり(27)、量だけでなく、その質的な差異も考慮に入れる必要性を強調する(28)。ただ、厳密に言えば、ベンサムのような功利主義でも、精神的価値が物質的な価値よりも優位にあることをミル自身認めている。しかしながら、その場合、永続性、安全性、低費用性などの外的な利点によって尊重されているのであり、快楽そのものの内的本性によって尊重するミルとはやはり異なると言える。[29] さらに、ミルは、質的な差、つまり、量が多いということではなく、快楽そのものとして他の快楽より価値が大きいという事実を認めても、功利原理とは衝突しないと考えている。

では、ある快楽が他の快楽よりも質的にすぐれているということは、どのようにして判断されるのだろうか。それについてミルは次のように言っている。

二つの快楽のうち、両方を経験した人が全部、またはほぼ全部、道徳的義務感と関係なく決然と選ぶ方が、より望ましい快楽である。[30]

そして、この両方の知識をもち、質の判断を下す資格をもつのが「有資格者（those who are qualified）」とよばれる人である。

二つの快楽のうち、どちらがもつに値するか、……という問題については、両方の知識をもつ有資格者たちの判断が、また判断が食いちがうときにはその過半数の判断が、最終的なものと認められねばならない。[31]

では、有資格者はどのような判断基準で判断するのだろうか。ミルによれば、それは「品位の感覚(a sense of dignity)」である。[32] 品位の感覚とは劣等者(低級な快楽しか感じることができない存在)に身を落としたくないという感覚であり、それは高級な能力と、厳密にではないが、比例し、幸福の本質的部分をなしている、と説明している。[33] ミルは劣等者ということで、精神的快楽を犠牲にして動物的快楽を追求する人、また、自己が抑制できず、有害な事柄に耽溺してしまう人などを念頭に置いている。しかし、高級な能力をもった人が幸福になるには、劣等者よりも多くのものがいる。ある低級な快楽を与えられることによって、劣等者は満足するが、高級な能力をもつ人は当然ながら満足しない。逆に、ある高級な快楽を与えられる場合、もちろん劣等者は満足しないが、高級な能力をもつ人もその快楽では満足しない場合もあるというのである。この場合、劣等者のほうが一見満たされているとも思えるが、それは「満足(content)」としてであり、決して「幸福(happiness)」ではなく、そもそも劣等者は高級な快楽を感じる能力をもたないのだ、とミルは言うのである。高級な能力を持つ人、すなわち品位の感覚をもつ人は、自分の幸福観に照らし合わせて不満足であっても、決してそうした能力を放棄することはないのである。

両方を等しく知り、等しく正当に評価でき、享受できる人びとが、自分のもっている高級な能力を使うような生活態度を断然選びとることは疑いのない事実である。(34)

さて、「有資格者」について簡単にまとめると、快楽の質を評価できる人とは、先に見たように、さまざまな能力を陶冶し、高級な能力を保持しており、ある事象について「両方を知っていること」、また「両方を経験していること」ということが重要である。さらに、その判断基準を支える「品位の感覚」をもっている、そういう人物でもある。

確かに、高級な快楽の感受能力を持つ人が、誘惑にまけて低級な快楽に走るようにみえる場合がある。そうした反論に対しミルは、そうした人はすでに高級な快楽が感じられなくなっているのだと答えている。ミルによれば、「高貴な感情を受容する能力は、元来か弱い草木同然で、……すこし養分が不足するだけですぐに枯れしぼんでしまう(35)」ものであり、それゆえ、誘惑に負けて低級な快楽を求めることがあるのは、性格の弱さや、高級な快楽を感じられなくなっている、といった別の理由が問題なのである。「両等級の快楽を等しく感受できる（susceptible）能力を持ち続けた人が、承知の上で平然と低級な快楽を選んだことがこれまであるかどうかは疑わし(36)」く、有資格者が、二つの快楽のうち、どちらが高級な快楽かという判断においては、決して判断を誤るわけではない、とミルは考えている。

では、ミルがこうした有資格者について言及する意図はどこにあるのだろうか。先にも見たように、快楽の質を判定するのは有資格者の判断、または彼らによる投票ないし多数決である。[37]つまり、ミルはここで、主観と主観との間の一致も問題にしており、そのことでより判断の客観性が増すということを考えていると思われる。ベンサムは功利計算において、快楽を量に還元したが、彼にとってはまさにその量への還元可能性こそが判断の客観性の保証を意味したと言える。それとは逆に、ミルにとっては、この有資格者たちの存在、ものごとの「両方を知る」という側面、さらにはその一般投票ということが、判断の客観性の保証となるのである。ただ、その説明は少々説得力に欠けると言わざるをえないのかもしれない。例えば、ミルは次のように言っている。

快楽の量の問題についてさえ、これ以外に訴えるべき法廷がないのだから、質に関する彼らの判断をうけいれるのをためらう必要はさらに少ないのである。二つの苦痛のどちらがもっとも激烈か、二つの快楽のどちらがもっとも強烈かをきめるのに、両方ともよく知っている人々全部の意思表示のほかに、どんな手段があるだろうか。[38]

この功利計算のあきらめともとられかねない言及は、ベンサムとミルの人間観、ならびに人間の経験についての解釈の違いに依拠している。ミルは上の引用に続けて次のように言っている。

苦痛にせよ、快楽にせよ、同質ではない。まして苦痛と快楽とは常に異質的である。(39)

つまり、ベンサムにとって、人間の経験とは、快楽と苦痛という万人に共通の経験であり、誰の経験なのかという経験の内容は問題とならない。それに対して、ミルにとっての経験は、その内容や質といったことが問題であり、その人にとっての経験であるということが重要なのである。それゆえ、あきらめともとれる先の言及は、何とかこの個性的な経験、そして、それにともなう快苦を功利計算に取り入れようとするミルの苦心であったと言えるだろう。

この快楽の質的区別という問題は、ミルの独自性であるとともに問題を含んでいることは事実である。しかし、私たちはミルの功利計算の成否はともかく、そうしたことを軸に思考を展開していることだけはここまでの考察で確認できたと思われる。

さて、ここまでミルの「行為者」に注目してきたが、「有資格者」からどういう要素を取り出すことができるのであろうか。

まず、確認できるのが、前項で取り上げた個性的な人がもつような諸能力の陶冶が前提とした、功利計算を行う理性的、ないし知性的行為者であるということである。そして、両方を知り、両方を経験しており、その両方を比較する手段をもっていること、さらに「品位の感覚」を持ち合わせていることである。ミルは、有資格者、つまり、高級な快を感受できる能力をもち、品位の感覚も持ちあわせている人のもつ性質を「高貴さ（nobleness）」と表現する（「高貴な」という言葉と「高級な」という言葉をほぼ同義に使っている箇所も多い）。ミルは、高貴な性格であるということが、「功利」または「幸福」の完全に正しい概念にとって、欠くことのできない一部分をなす、と言っている。つまり、それはそれ自体目的となる、ということである。

　功利主義は、高貴な性格を広く社会全体に開発すること（cultivation）によって、はじめてその目的を達することができるのである。(40)

確かに、ミルの人間観からすると、人間は性格の理想をかかげ、それにむかって行為できる存在である。そして、そうであるならば次に、性格の高貴さ、すなわち「卓越性」がミルの「行為者」にとっていかなる意味をもつのかについて考える必要がある。しかし、この点については後であらためて取り上げることとし、まず「行為者」を考えるにあたって重要だと思われる「良心」について見ておきたい。

## 三　良心の獲得

ミルは「危機」の経験の中で、功利と義務の連想が崩れたことにより、自己の知的側面に対する教育と同様に、道徳的側面に対する教育が不可欠であること、すなわち、知性だけでなく、感情を陶冶することの必要性を強く感じた。先に見たように、功利主義に快楽の質の観点を取り入れたのも、人間には質的に高級な価値を追求する能力が事実として（そして可能性としても）あるということ、人間が非利己的な動機から行為できる存在者であることを強調したかったからに他ならない。ミルはそうした振る舞いを可能にする能力として、「良心」の存在を重要視している。すなわち、ミルにとって人間とは「良心」を権威とし、行為できる存在者であった。実際、良心の必要性については『自由論』をはじめ、さまざまな著作や論文において言及されている。それゆえ、私たちは「行為者」について考察するにあたり、良心の形成および獲得の過程について、ミルの考え方を考察することが必要であると思われる。

ミルは『功利主義論』第三章「功利原理の究極的サンクションについて」の中で、「良心」を問題にしている。[41] サンクションとは、ラテン語のサンクティオ（sanctio）に由来し、「ある行動様式を守るように、ある人を束縛するに役だつものを意味」し、[42] 行為の動機の源泉となるものである。ベンサムはそうしたサンクションとして、すなわち個人の行為を最大多数の最大幸福に一致させるよう働きかける力として四つの外的なサンクション（物理的、政治的、道徳的、宗教的）を想定する。それに対しミルは、そうした外的なサンクションとならんで、良心という内的なサンクションを究極のサンクションとして位置づけ、ベンサムのサンクションに関する議論に修正を加える。良心とは「義務の内的強制力」であり、人間を義務へと内面から動機づける。ミルは「良心」について次のように言っている。

義務の内的強制力は、義務の基準がなんであろうと、ただ一つのもの――心中の感情である。つまり、義務に反したときに感じる強弱さまざまな苦痛である。そして、道徳的性質を正しく開発した人なら、事柄が重大になると苦痛が高まり、義務に反する行為をやめさせてしまう。この感情が利害を離れて純粋な義務概念と結びつき、特殊な義務観念や偶然の事情とは結びつかないとき、「良心」の本質を形づくるものとなる。(43)

義務の観念がもつ拘束力は、一群の感情が存在することからきている。正の基準を犯すためには、この感情群を突破しなければならない。にもかかわらず、基準を犯せば、この感情群は、おそらくあとで良心の呵責という形で姿をあらわすにちがいない。良心の本性や起源について何といおうと、この感情群こそ良心の本質である。(44)

これらの引用から、この感情は「義務であるという感情」すなわち「義務感」であるということがわかる。また、ミルは、この感情（道徳感情すなわち良心）は、「先天的なものではなく、後天的に獲得されたものである」が、そのことによって「この感情が自然さを失うわけではない」と説明する。それは「人間性の一部ではないにしても、人間性から自然に発達したものであ」り、「わずかながらも自発的に発生できるし、開発によって大いに伸ばせる[45]」ものなのである。

では、この感情、すなわち良心はどのように獲得されるのであろうか。ミルはこの、良心をどのように獲得するのか、ということを直接問題とせずに「ひとはどのように功利主義道徳を受け入れるようになるのか」という形で問題としている。功利主義道徳にとっては、功利原理によって正当化された規則などと義務感の連合を人為的に育成する必要がある。ただ、人為的な連合が過度におこなわれたり、不自然におこなわれたりするならば、ミルが「危機」において経験したように、分析の習慣に突き崩されることになる。しかし、ミルは、そうした功利性と義務を連合させるための自然の心情が人間にあり、それが功利主義道徳を受け入れる基礎になると考えている。それは社会的な感情としての共感であり、そして、その基礎にあるのが「同胞と一体化したいという欲求（the desire to be in unity with our fellow creatures[46]）」である。この欲求は、いわば本能に近い感情であり、それゆえ、ミルは教育と他者との共同作業を通して陶冶されることを求める。そして、その陶冶にとって社会の中で生活しているという事実もまた重要である。ひとはそうした事実を認めることによって、誰の利益も平等に考慮されるという了解ができ、そして、自分の目的と他者の目的が一致することを確認する。他者の利益は自分の利益だという感情が生まれ、自分は当然他人に配慮する存在だと考えるようになるのである。こうした過程は、利他心を獲得する過程でもある。そして、その利他心を支える感情が「あらゆる人との一体感」であり、陶冶された共感の意味するところのものである。

この感情（一体感）は、たいていの人の場合、利己的感情よりもはるかに弱く、まったく欠けている人さえ珍しくない。けれども、もっている人にとって、一体感は自然の感情がもつ性格を全部そなえている。彼らはそれを、教育が植え付けた迷信とも、社会の権力が強圧的に課した法律とも受け取らず、なくてはならない属性と考えるのである。[47]

そして、この確信が功利主義道徳を受け入れる内的なサンクションとして機能するのである。

では、あらためて「良心」とはどのようなものであろうか。以上の説明から考えると、利他心の獲得の過程で得られる「他人の善（利益）を配慮すべきであるという感情」、すなわち義務感である。この感情によって、功利原理に正当化された規則ないし行為を、自らの義務として受け入れることが可能になり、またそれ自体として行為の原因となりうるのである。ミルは「同胞と一体化したいという欲求」から「あらゆる人との一体感」へ、という過程ないし移行、すなわち「利他心の獲得」を感情の陶冶として考えている。つまり、自分は社会的存在者であるという確信をもつことによって、ひとが他人のために、そして、非利己的な動機から行為できる存在者であるというミルの信念を裏づけることができると思われる。

さて、ここまで見てきた「行為者」に関する説明を順番に整理していこう。ミルにとって、個性とは、単に「その人であること」だけを意味せず、さまざまな能力を発展および陶冶する際にあらわれてくるようなものである。また、個性を発展させた人の特徴は、能力を発展させるだけでなく、感情も発展させ、信念をもつことだけでなく、自制心もあわせもつようなものである。つまり、能力とともに、信念やバランスといった要素も必要とされ、あくまで、調和的発展が目指されている。個性の発展の問題とは、自発的で自立した精神の陶冶と、感情の陶冶の両方を視野に入れている。「人間が崇高で美しい観照となるのは、彼ら自身の中にある個性的なもののすべてをすり減らし画一化することによってではなく、……それらを育成し引き立たせることによって(48)」なのである。ミルの「行為者」にとって必要とされるのは、知性的側面と感情的側面の両方の陶冶すること、つまり社会の最大幸福がどこにあるのかを察知する知性、功利原理によって正当化された規則ないし行為を義務として受け入れる良心、さらには、功利と義務を連合させられるまで発展された共感をもつ、そのような「行為者」なのである。

以上のことを確認することによって、ミルの次の言及が理解できる。

功利主義が正しい行為の規準とするのは、行為者個人の幸福ではなく、関係者全部の幸福なのである。自分の幸福か他人の幸福かを選ぶときに功利主義が行為者に要求するのは、利害関係をもたない善意の第三者（a disinterested and benevolent spectator）のように厳正中立であれ、ということである。[49]

また、ミルは陶冶の手段として、教育の必要性を重要視するが、単に社会制度としての教育だけでなく、おのおのの自発性に基づく教育、すなわち自己教育をとりわけ重視する。ミルは自らの経験から、優れた知性は主に教育によって習得できるが、優れた性格（道徳的性格）は、主に訓練によって習得しなければならないということを学んだ。それゆえ、ミルの倫理学の支柱のひとつである「陶冶」をめぐる議論は、常に「行為者」の自己陶冶を問題とし、ミルの「行為者」を特徴づけるのである。

さて、これまで考察によって私たちはミルが理想とする「行為者」を規定したわけだが、次の章では、この「行為者」に基づくいくつかの問題について引き続き検討していきたい。

注

（1）Jeremy Bentham, *An Introduction to the Principles of Morals and Legislation*, pp. 11–12
（2）U, p. 210
（3）A, p. 137, p. 139
（4）Ibid., p. 141, p. 143
（5）Ibid., p. 147, p. 149
（6）Jeremy Bentham, *An Introduction to the Principles of Morals and Legislation*, p. 11
（7）RBP, p. 12
（8）Ibid.
（9）Ibid.
（10）SL, pp. 842–843
（11）RBP, p. 8
（12）B, p. 95
（13）ベンサムは快楽も苦痛も量的なものに還元できると考えた。『序説』第四章において、快楽と苦痛の価値をどのように考察するかについて七つの基準、すなわち①その強さ②その持続性③その確実性または不確実性④その遠近性⑤その多産性⑥その純粋性⑦その範囲、を挙げている。
Jeremy Bentham, *An Introduction to the Principles of Morals and Legislation* p. 39
（14）A, p. 175, p. 177
（15）OL, p. 264
（16）Ibid., p. 262

（17）Ibid.

（18）Ibid., p. 263

（19）Ibid.

（20）Ibid., p. 264

（21）A, p. 147

（22）OL, pp. 263–264

（23）SA, p. 234

（24）Ibid., p. 237

（25）B, p. 92

（26）U, p. 212

（27）ミルが快楽の高級／低級を区別する際には、「人間的なもの」と「動物的なもの」との対比が念頭にあると思われる。ロブソンは、ミルが動物的性質に好意的でなく、抑圧することができるし、抑圧されなければならないと考えていると言っている。

　ジョン・M・ロブソン「理性的動物としからざるもの」（J・M・ロブソン、M・レーン編／杉原四郎他訳『ミル記念論集』木鐸社　一九七九年）参照。

（28）例えばベンサムは『序説』第一〇章第二節で次のように述べている。「ところで、快楽はそれ自体として善である。……それ自体として悪いものであるような、どんな種類の動機も存在しない」。そして、また、その注において「ある人の動機が悪意であって、邪悪、嫉妬、残虐などと呼ばれるものであるにしても、その人の動機は、やはりある種の快楽である。すなわちそれは、自分の敵が苦痛を受けるのを見たり、また見ようと期待することを考えるときに感ずる快楽である。このようないまわしい快楽も、それ自体としては善である。……その快楽が続くかぎり、また悪い結果が到来するまでは、……他のすべての快楽と同じように善なのである。」

Jeremy Bentham, *An Introduction to the Principles of Morals and Legislation*, p. 100

(29) U, p. 211

(30) Ibid.

(31) Ibid., p. 213

(32) この点について、ガウアンロックは、（判断基準を尊厳の感覚に求めても）同じ優先順位をつけるかどうかは明らかではなく、そもそもなぜ品位の感覚が道徳的に強制力をもたねばならないのかについて、ミルは取り組んでいないと指摘している。

James Gouinlock *Excellence in Public Discourse, John Stuart Mill, John Dewey, and Social Intelligence*, p. 20

(33) U, p. 212

(34) U, p. 211

ジョン・グレイは「ミルは十分に経験を積んできた鑑定家にとって、自律的な思考や想像力や識別の能力を行使する活動の方が、より好んで選ばれるだろうという見解に与している」と言っている。

John Gray, 'Mill's Conception of Happiness and The Theory of Individuality', in John Gray and G. W. Smith ed. *J. S. Mill On Liberty in focus*, ROUTELEDGE, 1991（泉谷周三郎・大久保正健訳『ミル『自由論』再読』木鐸社　二〇〇〇年）

(35) U, p. 213

(36) Ibid.

(37) 深貝は、この快楽の質の議論によって「人は自分自身の利益の判断者だ」とするベンサムの議論が否定されたと指摘している。確かに、ミルは、各人が自己利益の最善の判定者であるとする意見には与していないが、少なくとも、各人は自身の幸福に最大の関心を持ちうるし、自分の感情と環境について認識する手段を他者と比較にならないほど有している、とは考えている。

深貝保則「J・S・ミルの統治と経済——人間性の把握と関連して」平井俊顕・深貝保則他『市場社会

の検証――スミスからケインズまで』（ミネルヴァ書房　一九九三年）一八五頁、関口正司『自由と陶冶――J・S・ミルとマス・デモクラシー』（みすず書房　一九八九年）三九〇頁参照。

（38）U, p. 213

（39）Ibid.

（40）Ibid., pp. 213-214

（41）「良心」についての説明のために以下の著作を参照した。
　柘植尚則『良心の興亡――近代イギリス道徳哲学研究』（ナカニシヤ出版　二〇〇三年）第五章

（42）Bentham : Ch3 および注（邦訳　一〇九頁）

（43）U, p. 228

（44）U, p. 229

（45）Ibid., p. 230

（46）Ibid., p. 231

（47）Ibid., p. 233

（48）OL, p. 266

（49）U, p. 218

第五章

# 「行為者」をめぐる諸問題

ここまでの考察によって、ミルの功利主義を理論的に支えている「行為者」がどのような存在なのかが明らかになった。その「行為者」とは、ミルが「危機」の経験を乗り越えることによって形成した人間観に深く根ざし、また「危機」以後の思索上の変化を反映したものであった。つまり、非利己的な動機から（すなわち他人のために）行為できる「行為者」であり、「良心」をもち、それを権威とし、人間性の完成をめざして行為できるような「行為者」であった。しかしながら、ミルの「行為者」をそのように理解したとしても、まだ不明瞭な点が残るように思われる。

まず、その一つ目は、これまでの議論によって取り出された「行為者」には、かなり「卓越性」が要求されることになると思われるが、行為者のもつ「卓越性」がどのような意味をもっているのかという点である。この問題は「利他性の獲得」にも関連する。ミルは良心の存在を認めるが、良心とは、功利原理によって正当化された規則や行為を義務とみなす義務感ないし道徳感情であり、良心が、直接的に、道徳判断をおこなうわけではない。道徳判断は、功利原理を基準に「功利計算」によって行われるのである。しかし、快楽の質ならびに「有資格者」の議論で私たちが見てきたように、ミルは功利計算にある一定の距離を置いており、「品位の感覚」に基づいて行為をすること、つまり、行為者の性格の「卓越性」ならびに行為の「卓越性」といった事柄にかなり依存している。それゆえ、ミルの「行為者」における「卓越性」のもつ意味について見ておく必要があるように思われる。

次に二つ目の問題としては、「個性の発展」の議論に関連し、「行為者」にとって「自由」はいかなる意味をもつのかということ、さらに、ミルが『自由論』で提示した危害原理および個性の発展を中心とした議論を通して、「行為者」にとっての何を守りたかったのか、ということである。

以下では、これら二点を確認した上で、この「行為者」がミルの功利主義にとって、さらにはその独自性にとっていかなる意味をもつのかということ、さらには、そのことはミルにとって問題を孕むことになるのではないかということについて考えていきたい。

## 第一節　行為者と卓越性

ミルの「行為者」を支える人間観において、重要な意味をもつのが「他人のために行為できる存在者である」ということである。例えば『功利主義論』では、そのもっとも極端な例として、英雄や殉教者による「自己犠牲」をあげている(1)。

本来、古典的功利主義者にとって、価値判断の対象は人間の行為(もしくはそれを引き出す規則)であり、その判断の基準はそれらから生じる結果である。それゆえ、功利主義は、行為者の人間的資質に関する意見が行為の正・不正の判断に影響することを許さないはずである。しかしながら、ミルは人間の資質という側面をかなり重視している。『自由論』『代議制統治論』をはじめ、そして一八三二年に発表された「天才論」においても、「人が何をなすのかではなく、その人が何であるのか」で人間を評価する必要性を説き、それに続き「最も純然たる功利主義でも到達するにちがいない(2)」と論じている。さらに、『自由論』における「人間が高貴で美しい観照の対象となる(3)」といった言及や、「人間自身をおよぶかぎり最善のものに近づける(4)」といった言及に見られるように、人間の行為の結果のみならず、かなりの程度「人間のあり方」を重要視していることが読みとれる。

では、人間のあり方を問題にするということはどういうことなのであろうか。ミルは、オーウェン主義的人間観を克服することを通して、人間が「もし意志するならば、われわれは自分自身の性格を修正できる」という確信をもち、この確信ゆえに、自分で性格の理想をたて、それに向かって陶冶していくという「自己陶冶（self-cultivation）」が可能な存在者であると認識した。ミルは別の箇所で、完璧な模範に近づこうとする努力に「卓越性」ということばを付していることもあわせて考えるならば、ミルは「人間のあり方」ということで、その努力の発するところの性格を問題としていると言えそうである。すなわち「行為者」の「性格の卓越性」を問題としているのである。

また、行為に対する因果法則の影響を認めるミルにとって、性格とは行為にとって原因にあたり、性格は個々の行為に一定の方向づけを与える。例えば「ベンサムの哲学」において「すべての行為は一定の傾向性（dispositions）や精神上の習慣（habits）を前提としている(6)」と言っているが、何を好み、何を嫌うかといった行為の傾向性に関して、性格は影響を与えるのである。ミルにとって、その人の仕事がその人の性格を反映するという考え方が大きな意味をもっている。つまり、「卓越性」とは、「性格の卓越性」と「行為の卓越性」を意味し、その「卓越性」を目的とし行為し、獲得することを「行為者」に要求するのである。他人のために行為できる利他性を獲得した「行為者」が、他人の善を度外視して行為できないように、優れた性格の持ち主は優れた行為をおこなう。有資格者の文脈にのせれば、ミルが言ったように、高級な快楽を享受できる能力をもつ人が、自らの高級な能力を使うような生活態度を選び取ることは疑いのない事実なのである。

こうした「卓越性」についての考え方は、かなりアリストテレスの考え方に接近しているようにも思われる。例えば『ニコマコス倫理学』第二巻第三章において、アリストテレスは「優れた性格は人間の行動と情動に関係するものであり、すべての情動と行動には好き嫌いがともなう。故に、優れた性格はその人が何を好み何を嫌うかということにかかわる[7]」と言っており、優れた性格（卓越性）は、その人が何をするかではなく、その人が何を好んでするかによって決まるという点でミルの説明に類似している。また、アリストテレスにとって優れた性格の人は、努力しなくても正しく行動するような人であり、意志の力で自分を律したうえで正しく行動するのではない。この点についても、ミルは、先に取り上げた「行為を差し控える例」の箇所で、次のように言っていた。

熟慮なしにある行為を思いとどまるということがなければ真に有徳である（virtuous）ということはなくなる[8]。

また、両者の幸福観についても類似が見出せる[9]。まず、アリストテレスにとって快楽とは行動と密接な関係をもち、活動に付随する。すなわち、行為と区別しがたい何ものかであり、「異なった活動には異なった快楽がある[10]」と考えるのである。それに対し、ベンサム的な功利主義によれば、快楽とは行為の結果得られる感情もしくは感覚であり、同質的であると理解されるが、ミルは「危機」の経験から得られた幸福観の変化によってアリストテレス的要素を取り入れたともいえる。例えば、ミルは「空気を呼吸するように幸福を吸い込む[11]」といった表現を用いている。それゆえ、究極目的としての幸福もアリストテレスのエウダイモニアに近い[12]。それはそれ自体のために求め、それ以外のいかなる目的のためにも求めることのないような唯一のものである。アリストテレスにとって、幸福が複数の目的を包含した複合物であるのに対し、ミルにとっては「具体的な全一体」なのである。

では、あらためて「卓越性」の主張とはどのような主張なのだろうか。この点については、先にも何度か取り上げている「生活の技術」という考え方が参考になる。「生活の技術」については、ごく簡単な説明にとどめるが、行為や行為のあり方を評価する枠組みとして、「道徳性」「慎慮／政策」

「審美」という三つの二次的な価値原理を採用し、それぞれ「正しさ」「便宜」「美または高貴さ」を評価の対象とする。(13) いま私たちが問題にしている性格の「卓越性」は「審美」の領域の問題であり、その「美」や「高貴さ」といったことが評価の対象となるのである。それゆえ、性格の理想をかかげ、それ自体を目的として自己陶冶する際に求められる「卓越性」は、個人の裁量にまかされるものであり、決して他人によって強制されるような事柄でなく、個人の目的として望ましいということになるのである。ミルはこの「美」の分野を、「知性と知的能力」「良心と道徳的能力」とならぶ第三の分野として「それらに従属すべきものであるが、質的にはほとんど劣ることがなく、実際、人間性の完成にとって、なくてはならないもの」として重要視している。(14) そこで必要とされる能力が「共感能力」と「想像力」であり、ミルが感情の陶冶で意味していたのもこの分野の問題であった。

ミルにとって「卓越性」とは、知性のように一般的な「教育」によって教育可能なものではなく、自らの訓練、また時には繰り返しの習慣を通して、すなわち自己教育によって後天的に獲得するものであった。ベンサムや父ジェームズが、人がもつ道徳的能力や性格の「卓越性」といった側面は、知性を身につけることで自然に身につくと考えていたのに対し、ミルが「危機」の経験で得たのは「卓越性は知性に基づかない」という気づきであった。しかしながら、ミルにとって、確かに「卓越性」は、個人の目的として奨励されるものではあるが、全体の幸福にとっても寄与するものであると考えていたことは事実である。それは、高貴な性格を広く社会全体に開発したとき、はじめて功利主義がその目的を達成する、というミルの主張にも見てとれる。

それゆえに、ミルにとっては「卓越性」や「自己陶冶」を可能にするような「自由」が重要な意味をもってくると思われる。次にその「行為者」と「自由」の問題を見ていきたい。

## 第二節　行為者と自由

前節では、ミルの「行為者」にとって「卓越性」のもつ意味について検討したが、「卓越性」それ自体を目的として「自己発展」や「自己陶冶」をおこなう「行為者」にとっては、社会の中に、そうしたことを可能にする領域が与えられる必要がある。ミルが『自由論』において提出した「一つの非常に単純な原理[15]」としての「危害原理」はまさにこの点を問題にしている。それは、個人に対する社会の干渉や権力の行使を正当化する基準であると同時に、他人に危害を及ぼさないという制限のもとで、個人が自由にふるまえる領域を規定する基準である。

さて、この原理によって擁護される個人の自由、すなわち「市民的自由」を、「消極的自由」という言葉で解釈する研究者は多い。アイザイア・バーリン（以下バーリン）は、有名な「二つの自由概念」という論文の中で[16]、「消極的自由（negative freedom）」と「積極的自由（positive freedom）」という概念を提出する。また、消極的自由に「ミル的自由」という言葉をあて、ミルの『自由論』での目的が消極的自由の実現にあったと主張している。まず、バーリンが定義するところによれば、「消極的自由」とは、他人によって干渉されず、自分のしたいことのできる範囲のことであり、それを「〜からの自由（liberty from）[17]」と表現している。また「積極的自由」とは「自分自身の主人でありたいという個人の側の願望からくるもの」であり、自ら決定を下し、自分で方向を与える行為者であるということに意味される自由であり、それを「〜への自由（freedom to）[18]」と表現している。つまり理性による自己支配を意味している。バーリンは、これらの自由をミルに当てはめる。すなわち、個人が自由にふるまえる領域と個性の発展に対し二つの自由概念をあてはめた上で、それらが両立しない可能性があると指摘している。つまり、積極的自由を特徴づける「自己支配」によれば、一方で「支配する自我」と「服従させられるなにものか」を自分のうちに自覚することがありうる。この支配する自我が社会の目的と同一視されるならば、ひとをその目的へ強制する可能性が、また、そのことが正当化される危険性がある。つまり積極的自由の実現という名目の下に、消極的自由が意味を失い、強制されることになるのではないかと言うのである[19]。

ただ、この点においては、私たちは前節で確認したように、ミルにとってその心配はないと断言してよいだろう。ミルが主張する「自己発展」「自己陶冶」は、あくまで個人の領域に属するものであり、強制される類のものではなかった。ミルにとって、積極的自由と消極的自由は衝突するものではなく、そもそも二つの自由を区別する発想そのものが、ある意味当然ながら、なかったのである。むしろ、私たちにとって問題は、ミルが、危害原理を提出した目的に関するものである。バーリンがミルを消極的自由論者に位置づけるということは、危害原理の目的が「干渉されない欲求の充足」にあるということになる。この点は、はたしてそうなのだろうか。

『自由論』においてミルは、自由の名に値する唯一の自由は「われわれ自身の幸福をわれわれ自身の仕方で追求する自由」[20]であると言い、そして、幸福の重要な構成要素である「個性」は「自由および境遇の多様性」[21]がなければ実現しないと考えている。つまり、この個性の発展にとって必要な自由、そして、幸福追求の自由を支える人間観は選択する存在としての人間である。ここから、ミルにとって「自由」の意味するものは「選択の自由」である、とバーリンは考えるのである。それゆえ、危害原理は選択の自由のために必要であり、ミルが意味した自由が「自分の尊重の対象と尊重の仕方の両方を選択するときに妨げられないという状態である」[22]と結論する。つまり、「干渉されない欲求充足」がミルの「自由」に対して定義されるのである。

確かに、バーリンが言うように、「選択の自由」がミルの自由の核にあり、ミルの自由にとって重要な意味をもつということは認めてもよいだろう。しかしながら、バーリンの議論は、主に『自由論』を中心に展開されており、私たちがこれまで取り上げてきたような、思想形成期における人間観などは視野に入っていないように思われる。それゆえ、私たちがいま問題にしている危害原理を提示した目的、つまりは個人が自由にふるまえる領域を確保することによって、ミルが何を護りたかったのかという問題においては根本を突いていないように思われる。

G・W・スミス（以下スミス）は自由の名に値する唯一の自由（スミスの言葉では「完全な自由」）について三つの前提をあげている。[23]

(1) もし人が欲するならば、自分の性格を変える能力をもっていること

(2) 人が能力を行使しようとするとき、この能力の行使に対して障害がないこと

(3) その能力を行使しようという欲求の生起に対して障害がないこと

つまり、ミルにとっては(1)その能力、(2)それを行使する機会、(3)それを行使したいという欲求、それぞれが自由にとって必要条件であり、それら三つが揃うならば十分条件になるというのである。このスミスの整理に従うならば、私たちはミルの危害原理の目的についてかなり近づくことができるように思われる。先にもふれたように、「もし意志するならば、自分自身の性格を形成することができる」というのはミルの自己陶冶の理論を支える信念である。つまり(2)と(3)の条件が整って(1)の条件、すなわち能力をもつということが意味をもつのである。ミルが当時、脅威や不安を感じた順

応主義や画一性の傾向もしくは大衆の目的に対する無関心は、オーウェン主義的人間観と同じ悪影響を与えるのである。すなわち、それらは人びとに対して「〜したい」という欲求を抑制させ、また抑制するだけでなく生じさせなくするのである。ミルは「意志は欲求の子[24]」であると説明するが、欲求が生じなければ、何かを意志することにはつながっていかないのである。すなわち、ミルが危害原理を提示する目的、あるいはミルの「行為者」にとってどうしても守りたかったものは「意志」の自発性としての「道徳的自由」を確保することにあった[25]。それゆえ、バーリンが提示したような「干渉の不在」としての消極的自由は、確かに、個人の自由にふるまえる領域を規定することにおいて重要な意味をもつが、それだけをもってミルの「自由」についての理論の特徴とすることには無理があるのである。また、私たちはここまでバーリンの定義に従って「消極的自由」と「積極的自由」という言葉を使ってきたが、性格の理想を立て、それへ向かっていく行為のプロセスないし行為そのもののうちに幸福を見出すというミルの態度は、理性によって自己を支配することが目的なのではなく、そういう傾向を育むことそれ自体にむけられる。それゆえ「積極的自由」という言葉もまたバーリンの意味するところと微妙にニュアンスが異なっていると言える。

これで、この節の最初にあげた、「行為者」にとって不明瞭な二点については、一応の解答は得たことになる。まず、ミルの「行為者」において「卓越性」のもつ意味については、確かに、ミルは「卓越性」ということで「性格の卓越性」と「行為の卓越性」を考えており、その「卓越性」を目的とし行為すること、そして、それを獲得することを「行為者」に要求している。ただ、ミルはそれを「美」の領域、すなわち個人の領域において個人の目的として奨励されるものであった。

また、「行為者」において、どのような自由が重要なのかということについては、確かに、バーリンらが主張するように、他人によって干渉されず、自分のしたいこと選択することを可能にする「消極的自由」であることは認めつつも、ミルが「行為者」にとってどうしても守りたかったものは「意志」の自発性としての「道徳的自由」にあった、と言える。

さて、以上の議論をふまえるならば、ミルが望ましいと考える性格を自ら意志し、それにむけて自己陶冶する「行為者」を念頭において、自らの功利主義を展開していると言えると思われる。だた、私たちはこうした主張をそのまま受け入れてもよいのだろうか。

## 第三節　行為者の抱える問題

これまで考察してきたように、ミルの「行為者」をめぐる議論において、より根本にある問題意識は道徳的自由の問題であった。この自由は自己陶冶の可能性にかかわる自由であり、そこで「行為者」に求められているのは、「もし意志するならば」というときの「意志」である。つまり、ミルはここで、自己陶冶する主体としての「行為者」を念頭においている。こうしたミルの主張を受け、私たちがこの節で問題にしたいのは次のような懸念である。ミルは当時のイギリス社会に対して、不満を抱きつつも、その社会を形成する現実の人びとを念頭に置きつつ、さまざまな議論を展開している。しかしながら、これまで見てきたようなミルの主張は、そうした人びとにとってかなりハードルが高いのではないか、あるいは、ミルが、例えば、自由に関する主張で保護しようとしている人の範囲は、かなり狭いのではないか、という懸念である。以下では、この点について考えていきたい。

まず、先にも取りあげたが、「性格」をもつことについてのミルの説明を思い起こしてみよう。ミルによれば、欲求と衝動が自分自身のものである人は性格をもつと言われ、この性格が行為の規則になっていることが「個性」にとって必要不可欠であった。しかしながら、この引用には「自分自身の育成によって発展させられ、変化させられてきた彼自身の本性のあらわれが、彼自身の欲求と衝動になっている人」という言い換えが挿入されていた。この前者の欲求と衝動は、後者のそれらとは異なっていることに注意が必要である。すなわち、ミルが危害原理によって規定する個人の領域、つまり、バーリンのいう消極的自由を享受し、そこで自己を表現するということは、それ以前に、一定の陶冶が前提になっている、あるいは、人間性の素材である欲求や衝動を陶冶することによって、行為の動機となる「性格」をもっているということが条件になっているのではないだろうか。

ミルによれば、「性格」とは「習慣的な意志」であるとも説明されている。

意志する習慣は一般に目的と呼ばれる。つまりわれわれの意志作用（volitions）と、そこから生じる行為の原因として、好み（liking）や嫌悪だけでなく、目的も評価されなければならない。われわれが確固たる性格をもつといわれるのは、われわれの目的が、それらがもともと発生した苦痛あるいは快楽の感情と独立したときのみである。(27)

確かに、ミルにとって、欲求が抑制されてしまうことは大問題ではある。しかしながら、ミルにとっては、生じたままの欲求をもつだけでもだめなのである。例えば『功利主義論』においても、ミルは「意志は能動的な現象で、受動的な感受性である欲求とは別物である」(28)とはっきりと述べている。こうした言及をふまえるならば、ミルに保護してもらうためには、意志するということ、つまり自らの性格を形成したいという欲求としての意志をもつこと（以下、性格形成欲求としての意志）ができなければならないことになる。ただ、もしもそうであるならば、ミルの「行為者」にとって、問題が浮上することになる。

当時の社会における一般大衆は、ミルが危惧する「多数者の専制」傾向などの影響で、そうした欲求すら萎えてしまっている可能性は否定できない。それゆえ、ミルが、環境を整えることと教育の役割を重視したとも考えられるが、私たちが「卓越性」の箇所で確認したように、優れた性格は教育とともに（自己の）訓練によって習得する必要があった。連合主義者であるミルが、教育ということで考えているのは、繰り返しによる「習慣」である。つまり、ある種の行為に苦痛を、また他の行為には快楽を繰り返し連合させる。そして、自らの快苦を他人の快苦と繰り返し連合させることを通して、人は道徳的になるというプロセスをミルは考えていると思われる。そして、繰り返しになるが、ミルがより重視するのは、それを自らが自発的に行う「自己教育」「自己訓練」である。「自発性」を重視するミルの姿勢、もしくは、先に触れた欲求と意志の関係から考えると、一方で、絶えず、教育されなければならない存在と教育にふさわしい環境、つまりここでは自由（妨害されない自由）を整えれば、おのずと発展させる存在がいるように思えてならないのである。スミスが引用であげた[29]、ミルが保護したい人びと、またミルの著作の随所に見られる「少数者」についての言及に注目するならばなおさらである。

例えば、ドイツの人文主義者のヴェルヘルム・フォン・フンボルトが主張する、個性の発展のために「自由」と「境遇の多様性」が必要で、この二つが結合することによって「個性の活力と豊かな多様性」が生まれ、さらに「独創性（originality）」になるという考え方にミルは賛同している[30]。また、「天才は自由の雰囲気の中でのみ自由に呼吸することができる[31]」とも言い、天才の重要性を説いている。そういった人びとは、ミルによれば、現に存在しているし、またこれまでも存在してきた。ミルがこれらの人びとの中に見ているものは「思想や行動における独創性」である。しかしながら、その「独創性とは、独創的でない人々が、その効用を感じ取ることができない唯一のもの」[32]でもあり、それゆえ、社会にとっての注意人物として抑圧され、「少数者」として位置づけられているという現状がある。しかしながら、彼らはこうしたさまざまな困難にもかかわらず、発展してきたのである。ミルはこうした人びとに、自らの「行為者」を反映させていることは間違いないだろう。

さて、以上のことをふまえた上で、ミルの「行為者」についてあらためて考え直してみると、次のようになる。まず、性格形成欲求としての意志をもつかどうかによって「行為者」であるかどうかが判断される。つまり、社会には性格形成欲求としての意志をもたない（ただ自然的な欲求や衝動に突き動かされているような）人びとがいることになる。さらに、そうした性格形成欲求としての意志をもった上で、実際的には二種類の人びとを想定してしまうことになる。では、こうした事実は、ミルがいわゆるエリート主義やエリートの専制のような主張をしていることになるのかというとそうではない。確かに、ミルは社会の中のエリートの存在を認め、その役割に期待をしている。しかし彼らにできるのは他の人に道を指し示すことだけだ、と言っているように[33]、エリート主義を否定する言及は多くの箇所でみられる。

まず、前者について考えると、ミルは、確かに、当時の社会に対して悲観的な態度はとっていたものの、当時の人びと（成人）が性格形成欲求としての意志（すなわち、自己規律的な精神）をもっているとみなしている。そうした意志をもっていない人としては、例えば、子供や未成年、文明が未開の状態にある人、道徳的に空白の人などが考えられるが、それゆえ、ミルは、そうした意志をもつ以前においては、社会ないし国家が教育をおこなうことを認めている。こうした事情は、『自由論』の刊行後に、ミルがアレクサンダー・ベインに送った書簡からもうかがうことができる。

もし『自由論』によって、われわれは世間を改宗させようと試みるべきでないとあなたがお考えになったとしたら、『自由論』は全く意図していなかった効果をあなたに与えたことになります。私はその種のことを意図しませんでしたし、私の考えは、なしうる限りですべての人々を改宗させるべきだ、ということでした。それ以上のことがなしえない場合には、われわれは、少数の人々の精神に神聖な火をともし続けることに満足せねばなりません。とはいえ、世間の人が暗愚にとどまりながら、すぐれた人々が知的アリストクラシーを行うという考えは、私の願望を満たすものではありません。私がこの書物でめざしている効果は、それとは反対に、多くの人々の心をいっそう開かせることによって、彼らを真理により近づけることなのです。(34)

この文面からもわかるように、ミルは、当時の人々に説得の可能性があること、すなわち、当時の民衆が完全に自発性、ないしその素材となるものを失っているとは考えていないと思われる。(35) ただ、後者について、つまり、実際的には二種類の人びとを想定してしまうことになるというのは認めざるをえず、それゆえ、ミルの「行為者」が、ある側面では、権威主義的なニュアンスをもつことがあるということは否定できないのかもしれない。しかしながら、それでもミルの関心が、人びとの陶冶の可能性に向いていることを考えるならば、ミルの考える「行為者」として、誰かを排除しているということにはならないと思われる。

以上で、ミルが功利主義を支える「行為者」については、明らかになったと思われる。次節では、あらためて「行為者」についてざっと整理したのちに、ミルの功利主義の独自性について考察したい。

## 第四節　ミルの功利主義の独自性

さて、この章の締めくくりとして、ここまで私たちが考察してきたミルの「行為者」について、簡単に振り返ったのちに、ミルの功利主義の独自性を明らかにしたい。

これまでの考察の結果、「行為者」は、まず、知性的行為者であることが求められる。知性ないし知的能力は、功利主義者ミルにとって「功利計算」をする上で必要なものであった。また、「個性を発展させた人」「有資格者」について見たように、ミルは想像力をはじめとする、人間固有のさまざまな能力を発展させることを求めていると言える。そして、もう一つの重要な要素が「良心」の存在であった。「危機」の経験からミルが引き出したように、ミルにとって人間とは「良心」を権威として、非利己的な動機から（すなわち他人のために）行為できる存在であった。

ただ、これらの能力や感情を獲得していないと「行為者」ではないかというとそうではないだろう。[36] ミルの功利主義の修正が、その人の資質を重視する、つまり「その人が何をしたかではなく、その人がどういう人か」も問題であるとすれば、ミルが一貫して関心を示しているのは「自己陶冶」であり、またその可能性であると思われる。ミルはカーライルにあてた書簡の中で次のように言っている。

私は、人類の（もっと正確にいえば、その個々の構成単位の）善を究極目的だと考えますけれども、……この目的は、あなたが言われる手段、すなわち、各人が自分自身の内の最善のものの発展を自分の排他的な目標とみなすこと以外のどんな仕方でも促進されない、と最大限の信念をもって信じています。[37]

つまり、ミルはここで自己陶冶する「行為者」を考えている。これまでの議論を振り返るならば、

「行為者」は性格形成欲求としての意志をもち、自ら望ましい性格へと絶えず自己陶冶する存在であり、その陶冶のプロセスの中で、行為者はさまざまな能力や感情を身につけていく。「功利主義は、高貴な性格を広く社会全体に開発することによって、はじめてその目的を達することができる」のである。

これまで確認したように、よりよい社会の形成にとって、ミルによれば、ベンサムの功利主義では不十分であった。なぜなら、ベンサムはあらゆる行為の動機を利己的動機に還元するために、利他的な行為が利己的な利益と一致するかぎりで、という条件付きでのみ行われることになってしまい、利他的な動機からも行為できるという人間の可能性を狭めてしまうことになるからである。それゆえ、ミルは、ベンサムの功利主義に修正を加えたのである。

あらためて、ミルの功利主義について確認すると、その特徴としてあげることができるのが、「結果」の概念を拡張したことにある。つまり、それは行為の評価において、外的な結果だけでなく、その行為を行う行為者の内面の状態も価値判断の対象としたということである。また、ベンサムの功利主義に顕著なように、行為を利己的な動機のみ還元されるような仕方でなく、利他的（非利己的）な動機からもひとが行為できると考えた点にある。そして、何よりもミルの特徴として理解されるのが、功利主義的考慮において、快楽の量だけでなく質も考慮する必要性を主張した点にある。ミルの狙いは、「功利」を広く解釈することを通して、多くの人が共感できる功利主義を提示すること、また功利主義が現実の諸問題が突きつけてくる要求に応えうるものであることを人びとに示すことにあり、そこに見えるのは、その時代の要請に真摯に応えようとしたミルの姿である。そうしたミルの功利主義を支える人間観は、ひとは「もし意志するならば、自らの性格を変えることができる」という確信、「ひとは非利己的な動機から行為できる」という確信に支えられた人間観（行為者像）であり、それはミルの思想形成期に深く根ざしていると言える。

しかしながら、こうした人間観は、ベンサムや父ジェームズが信奉した、いわゆる古典的功利主義の前提とする人間観と正反対を向くことになり、古典的功利主義の枠組みから大きくはみ出すことになってしまったと言えるのかもしれない。

ただ、この章でおこなってきた「行為者」をめぐる議論は、私たちが第一章から第三章まででおこなってきた「市民」や「参加」の問題とのつながりを示しているかもしれない。ミルが重視した自己陶冶、つまり、発展のプロセスは、必ずしも、その人が単独でおこなうものではないだろう。先に、良心のところで問題にした、「同胞と一体化したいという欲求」から「あらゆる人との一体感」へというプロセスを考えるならば、ミルが「非利己的な動機から行為できる」ということで重視しているのは「自分は社会的存在である」という確信を個々人がもつということであり、その確信を人びとに植えつけることが、ミルがベンサムの功利主義を修正し人びとの知的道徳的改善を目指した意味だと思われる。

つまり、発展のプロセスの中で、各人が刺激し合い、他人との共同作業を通して、個人が豊かになることによって、社会はより豊かで活力に満ちたものになるというヴィジョンがミルにはあり、その社会的側面が「市民」の問題であると考えられるのではないだろうか。

注

（1）U, p. 218
（2）G, pp. 329-330
（3）OL, p. 266
（4）Ibid., p. 267
（5）SA, p. 230
（6）RBP, p. 7
（7）W. D. Ross, *ETHICA NICOMACHEA*, 1104b13-16
なお、アリストテレスに関する理解について筆者はかなりアームソンの解釈に示唆を得た。それゆえ、邦訳に関して、高田訳も参照したが、該当する箇所においては、アームソンの著作（雨宮訳）を主に参照した。
J. O. Urmson, *Aristotle's Ethics*, Basil Blackwell, 1988／J・O・アームソン（雨宮健訳）『アリストテレス　倫理学入門』（岩波書店　二〇〇四年）

（8）RBP, p. 12

（9）アームソンをはじめ、ミルをアリストテレスに引きつける解釈はたびたび見かける。ただ、アリストテレスの幸福が、人間の成熟として人格の完成とその実践を意味するのに対し、ミルの幸福は、個性の実現であり、基本的には両者は異なっており、やはり類似にとどまる。ただ、ミルはかなり古代ギリシア思想に対する思い入れが強く、賛美する傾向が強い。それゆえ、ミルの思想にかなりの影響があることは確かであると思われる。例えば、次のような『自由論』における人間的卓越性についての言及。

「人間的卓越性（human excellence）については、カルヴァン派のそれとはちがったものもある。……「異教的自己肯定」は「キリスト教的自己否定」と同じように、人間の価値を構成する要素の一つである。自己発展（self-development）というギリシャ的な理想があるのであって、プラトン的キリスト教的な克己の理想は、それと混じり合っているが、しかしそれにとってかわるものではない。」（OL, p. 265）

（10）W. D. Ross, *ETHICA NICOMACHEA*, 1175a21

（11）A, p. 147

（12）cf. G. Scarre HAPPINESS FOR THE MILLIAN, p. 493

この中でスカーレは、人生やわれわれの関心事の多様性についてのミルのビジョンの広さと豊かさを根拠に、ミルの幸福概念がアリストテレスやギリシアのエウダイモニアの概念に近いと言っている。

（13）SL, p. 949

（14）SA, p. 251

（15）OL, p. 223

（16）Isaiah Berlin, Two Concept of Liberty, in *Four Essays on Liberty*, Oxford U. P, 1969（小川晃一他訳『自由論』みすず書房　一九七一年）

（17）Ibid., p. 127

（18）Ibid., p. 131

（19）Ibid., pp. 131–132

（20）OL, p. 226

（21）Ibid., p. 261

（22）Berlin, John Stuart Mill and The Ends of Life, in John Gray and G. W.. Smith ed. *J. S. Mill On Liberty in focus*, ROUTLEDGE, 1991（泉谷周三郎・大久保正健訳『ミル『自由論』再読』木鐸社 二〇〇〇年）p. 206

（23）G. W. Smith, Social Liberty and Free Agency, in John Gray and G. W.. Smith ed. *J. S. Mill On Liberty in focus*, ROUTLEDGE, 1991（泉谷周三郎・大久保正健訳『ミル『自由論』再読』木鐸社 二〇〇〇年）pp. 251–252

（24）U, p. 239

（25）R. Devigne もバーリンが、ミルの二つの自由概念（消極的自由と道徳的自由）を認めず、自由な行為に対する干渉を防ぐ「消極的な目的」が人間の性格を発展させるための必要かつ十分な条件であると思い込んだために、ミルを誤解したと指摘している。また Devigne は、道徳的自由を「自己発展の自由」と呼んでいる。

　Robert Devigne, *Reforming Liberalism : J. S. Mill's Use of Ancient, Religious, Liberal, and Romantic Moralities*, Yale U. P., 2006, p. 209

（26）例えば、スミスはミルが自由原理によって保護したいと考える人について「彼ら自身の人格（personalities）を形成できるはずであり、かつまたそうしたいと思っているはずなのに、なすことが必要であると感じている方法で自己を表現することが社会的非難によって禁じられていると感じている人々」であると言っている。

　G. W. Smith, Social Liberty and Free Agency, p. 248

（27）SL, p. 842

（28）U, p. 238

（29）注（26）を参照。

（30）　OL, p. 261
（31）　Ibid., p. 267
（32）　OL, p. 268
（33）　Ibid., p. 269
（34）　A Letter to Alexander Bain, 6 Aug. 1859, *CW* 15, p. 631
（35）　関口正司『自由と陶冶――J・S・ミルとマス・デモクラシー』（みすず書房　一九八九年）三六〇‐三六二頁参照。
（36）　もちろん「行為者」を、功利主義の理想形態、あるいは功利の理想的判定者と考えるならば、これらの能力などをすべて持っていないといけないということになるだろう。しかし、ミルが功利主義を考える際に念頭にあるのは、人間社会における、現実の自分であると思われる。
（37）　A Letter to Thomas Carlyle, CW 12, pp. 207–208

# 第六章

# ミルの自由主義と功利主義

これまでの議論を簡単にふり返っておきたい。第一章から第三章まででは、ミルの「自由」に関する主張に焦点をあて、ミルがいかなる自由に関心をもち、それを享受、あるいは担う個人や市民をどのような存在として考えているのかを明らかにしてきた。まず、第一章では、「危害原理」に注目し、その原理を提示する目的が「自律した個人」を保護することにあるとする、ミルの議論に「自律」を読み込む解釈と対比する形で考察をおこなった。その結果、ミルが個人の「自発性」を、つまり自律した個人というよりは、むしろ「自律しようとしている個人」を保護しようとしていた、ということを確認した。第二章では、ミルが自由な社会を考えるときに、個人の領域における自由だけでなく、社会の領域における自由（公的文脈における自由）にも関心をむけている点に注目し、それを担う「市民」の存在について明らかにした。そして、続く第三章において、そうした市民の公的な事柄への参加の問題を扱った。これらの考察においても、ミルは、市民の基準として意志の自発性を考えており、そこから参加を通して公共精神を陶冶していく、そういう市民像を、そして、参加をそのためのアリーナのようなものとして考えていることが明らかになった。

そして、続く二つの章では、ミルの功利主義に関する主張に焦点をあてた。とりわけ第四章では、ミルの功利主義をささえる「行為者」に注目する形で、ミルが功利主義に根ざした主張を展開する際にどのような人間観を念頭に置いているのかを明らかにした。つまり、ミルは「危機」の経験の後、質的な功利主義を主張するが、その功利主義を担う「行為者」にミルが求めたものは、「非利己的な（利他的な）感情から行為できる」行為者であり、自らが理想と考える性格へと自己陶冶する、そういう行為者であった。そしてその上で、第五章においては、そうした「行為者」が抱える諸問題を考察することを通して、ミルの功利主義の独自性について考察をおこなった。

さて、こうした、自由に関する主張の背後にあるのは、「陶冶」や「発展」に対するミルの期待である。こうした点を考慮するならば、従来の古典的自由主義が主張するような、また、ミルを消極的自由論者として理解する解釈よりも、幅広い関心がミルにはあることが明らかになった。また、ミルが施した功利主義の修正が、結果として、従来の古典的功利主義の枠組みをはみ出しているとしても、この両方の主張の背景にあるのは、「発展」あるいは「陶冶」へのミルの強い関心であるといえる。ただ、これらの関心が共通しているとはいえ、これら、つまり、自由を中心とした自由主義的な主張と、功利主義の修正をふまえた主張の関係を、ミルはどのように考えていたのかについて見ておく必要がある。例えばそれは、ミルは自由の主張を幸福の最大化という観点から問題にしているのか、また、自由は何のために求められるのか、といったことなどである。この章では、こうした点について考えていきたい。

# 第一節　自由と功利主義

ミルは『自由論』第一章で、自らの自由の主張が功利主義の立場にたっていると明確に言及している。

功利とは無関係なものとしての抽象的な正義の観念から、私の議論のために引き出しうる利点を私は利用しない、とここで断っておくのが適当である。私は、功利はすべての倫理的問題の究極的な判定基準であると考える。しかしそれは、進歩する存在としての人間の恒久的な利害に基礎をおく、もっとも広い意味での功利でなければならない。(1)

つまり、自由を抽象的な正義、すなわち自然権のように前もって与えられたものによってではなく、功利主義的な理由から擁護できると言っているのである。それでは、自由はどのように擁護できると考えていたのだろうか。ミルは『自由論』の中で、三つの自由擁護論を展開している。(2)

まず一つ目の擁護論は、思想と言論の自由を擁護する議論として展開される。つまり、自由は真理を、また真理の生き生きとした印象をもたらすとされる。ミルは言論の自由を次のように擁護する。

もし一人をのぞいたすべての人類が同意見で、ただ一人の人間がそれに反対の意見をもっているとしても、人類がその一人を沈黙させることが不当なのは、その一人が力をもっていて人類を沈黙させるのが不当なのとまったく同様である。[3]

そしてミルは、その論拠は、文脈から判断すると、意見の発表を抑えることが「人類の利益」「人びとの利益」を奪うこと、つまり、間違いを真理ととりかえる機会、真理と間違いとの衝突から生まれる真理の認識や生き生きとした印象を失うことに求められている。

次に、二つ目の擁護論は、「個性」ならびに「個性の発展」に関して展開される。ミルは言論の自由が認められるべき同じ理由から、自分の意見（考え）を「自己の危険と責任とにおいて」[4]生活の中で実行に移すことができる自由として行為の自由を擁護する。ミルによれば、他人に危害を与えないかぎり、自由を諸個人に認めることは、各個人の幸福とさまざまな能力の発展、精神的発展にとって不可欠であるといわれる。

人間の本性は、ひな形にならって組み立てられ、自己に定められた仕事だけを正確にするよう作られている機械ではない。それは一本の樹木であり、それ自身を生命あるものとしている内面の趨勢（tendency）にしたがって、あらゆる側面にわたって自ら成長し発展することを求めているものなのである。(5)

また、個性が自己を主張することは、個人の幸福だけではなく、社会的進歩の第一の要素となるという論拠からも擁護されている。(6)

三つ目の擁護論は、二つ目の擁護論にも関係するが、個性の発展の自由を認めること、あるいはその自由によって発展した人の存在が、発展していない人間にとってもなんらかの役に立つという仕方で擁護される。この擁護論は少し特殊であるかもしれない。というのも、本来、自由ならびに自由の価値を擁護するだけが目的なのであれば、先の二つで十分のはずだからである。しかし、ミルが、自由の価値、あるいは危害原理を主張する際に直面したのは、目的自体に対する社会の、すなわち一般の人びとの無関心であった。それゆえ、自らの議論が「いちばん納得させられる必要のある人びとを納得させるのに十分ではない」と感じ、「自由を望まず、またこれを利用しようともしない人々に対して、自由をなんの妨害も受けずに行使するのを他の人々に許すことによって、彼ら自身もなんらかのはっきりした形で報われるところがある」(7)として、少数の独創的な天才について議論をすすめる。そして、その上で、こうした天才の存在が、人類の利益となり、社会の向上への条件であるとしている。

さて、ここまでは個人の領域における自由の擁護について見てきたが、私たちが第二章、そして第三章で考察した社会の領域における自由についてはどうだろうか。先にも確認したように、この自由は、「公共精神を陶冶する義務」「自己陶冶の義務」にかかわり、自分自身に対する義務として、市民が自ら引き受けるものであった。また、この自分自身に対する義務は、「生活の技術」の区分では、「慎慮」「審美」という部門にかかわり、それは自分自身の幸福の増大に寄与するかどうかだけではなく、自身の性格を高貴にするかどうかにもかかわるものとして理解することができる。また、公共精神を身につけることは、「利他性」「慈善」「誠実」といったさまざまな徳を身につけることでもある。徳に関して、ミルは『功利主義論』の中で、次のように言っている。

徳に対する本来の欲求や動機は、快楽に役立つこと、とりわけ苦痛を防ぐのに役立つこと、でしかなかった。ところがこうして連想ができあがると、徳は、それ自体善いものに見えるし、そういうものとして他の善と同じ強さで欲求されることにもなる。……欲得をはなれて徳への愛好心を育てることほど、人間を他人にとって祝福すべき人物にするものはない。……全体の幸福にとって何よりも大切なものとして、徳への愛好心をできるだけ強く育てあげることを命令し、要求するのである。(8)

以上のことをふまえるならば、これまで扱ってきた「自由」は、行為者本人の幸福を増大させること、行為者本人の幸福の一要素であること、そして社会的な利益や進歩をもたらすという理由で求められていることになる。つまり、自由の価値は社会全体の幸福の価値から派生し、すなわち功利主義的な道徳基盤に基づいていることがわかる。では、次に、ミルが自由と功利主義との関係をどのように考えているのかについて、さらに別の角度から見てみたい。

## 第二節　危害原理と功利原理

ミルの自由を中心とした主張と功利主義にかかわる主張との関係を考えるにあたり、次に取りあげたいのが、『自由論』で提示された「危害原理」と功利主義の基礎にある「功利原理」との関係である。

ミルは、『功利主義論』において、「道徳の根本原理としてどんなものを採用したにしても、それを適用するには補助原理がいる」[9]と言い、功利原理が二次的原理を採用するとする。その補助原理、すなわち二次的原理とは、第一原理としての功利の原理から導き出された「系」であり、ミルは、実際上の生活においては、二次的原理の適用で十分であると考えている。そして、第一原理（功利の原理）に訴える必要が出てくるのは、こうした二次的原理のあいだで衝突が生じたときである[10]、と説明している。

　では、危害原理についてはどのように考えたらよいのだろうか。これまで何度もみたように、ミルは「生活の技術」の主張で、人間の生活領域を「道徳」「慎慮・政策」「審美」の三つの部門に区別した。そして、これらのうち「道徳」だけが、他者の利益に直接かかわる領域であった。また、ミルは『功利主義論』第五章で、同じくそれらを「道徳一般」と「便宜」・「相応（価値）（Worthiness）」とに区別し、そこからさらに、「道徳」ならびに「道徳一般」を「正義」と「その他の道徳部門」とに区別する。[11] この両者の関係について、ミルは適切ではないと断りを入れつつも、「完全な拘束力をもつ義務」と「不完全な拘束力をもつ義務」とに対応させている。先にも説明したように、「完全な拘束力をもつ義務」とは「一人またはそれ以上の人間にその義務と対応する権利をもたせるような義務」であり、「不完全な拘束力をもつ義務」とは「行為そのものは拘束的であるが、それを行なういちいちの機会はわれわれの自由な選択にまかされている」ような義務であった。[12] つまり、それらのあいだは、その義務に対応する「権利」を含むかどうかによって区別されている。危害原理は、他者への危害がない限り、個人の自由が絶対的に、そして無条件に保護される必要性があることを主張するが、これは裏返して言えば、危害がある場合には、他者あるいは社会は自己防衛として干渉が許されるとする原理である。つまり、ミルは危害原理を、「道徳」の下位部門である「正義」の原理の一つとして、すなわち道徳規則の一つとして考えていたのである。この点について、ミルは次のように言っている。

人類が互いに傷つけあうこと（この中には相互の自由の不当な干渉を含むことを忘れてはならない）を禁じる道徳規則（moral rules）は、人間の福祉にとって、どんな格言（maxims）よりもはるかに大切である。その他の格言はいくら重要な格言であっても、せいぜい人事の一部門を処理する最善の方法を教えるにすぎない。(13)

つまり、こうした事情から引き出せるのは、危害原理と功利原理が並列的な関係にはないということである。

では、次に、それらの原理が並列的な関係にないとすると、それらの機能（役割）はどのようになっているのだろうか。ミルはこの点について、『論理学体系』第六巻第十二章の中で、「裁判官（the judge）」と「立法家（the legislator）」という異なる立場を使って説明をしている。

裁判官はその扱っている特殊の事件において、どういう処置をとるのが、本質上最も望ましいかを決定することが要求されているわけではない。ただそれが法律のどの規則に該当するかを決定すればよい。立法府がこの種の事件には何をなすべきものとして制定していたか、従って、この個別の事件において何を意図していたと推定さるべきか、これを決定することが要求されている。[14]

ミルによれば、裁判官にとって規則が最終的なものであり、裁判官は法律の理由や根拠を問題にすることはない。次にミルは、立法家についても説明している。

裁判官が法律をその案内とするように、立法家は政治の規則と原則とを手引きとする。しかし、立法家がこれらの原則に拘束されるのは、裁判官が法律によって拘束されるのと同様な仕方によるのだと考えたり、または立法家が行なわねばならないことのすべては、裁判官が法律から特殊な事件を論証するのと同じ仕方で、これらの原則から論証するのだと想定したりするのは、明らかな誤謬である。立法家は原則の理由や根拠を考察しなければならない。[15]

つまり、立法家は原則の理由や根拠を問題にするのである。この役割はミルが功利の原理に求めたものであり、そこから、ミルが第一原理の適用において、二つのレベルを考えていることが読み取れる。また、先に確認したように、裁判官は法律の理由や根拠を問題にしないが、ミルは、その法律に疑問の余地を残しているとき、ならびに法律の理由や根拠の考察によって立法家の意図に若干の光を与える場合を例外として、[16]立法家の仕事へのかかわりを認めている。この言及は、この節の最初にすこしふれた、『功利主義論』における、いかなるときに第一原理に訴える必要がでてくるのか、についての言及の意図と同じであるように思われる。

もし功利が道徳的義務の究極の源泉であるなら、義務の発する要求が互いに衝突するとき、功利はこれを裁いて決着をつけることができるはずである。基準を適用するのはむずかしいに違いないが、全然ないよりはましである。ところが他の体系においては、道徳法則がみんな、それぞれ独立の権威を要求し、それらのあいだにたって仲裁する資格をもった共通の審判がいない。……第一原理に訴える必要が出てくるのは、このように二次的原理のあいだで衝突が生じたときであることを忘れてはならない。(17)

こうした議論をふまえるならば、実際的な問題において、「危害原理」は、個人の自由に対する社会（他者）の干渉の正当な限界をしめす道徳規則として理解され、また、功利原理をその道徳規則の根拠をしめすものとして考えることができる。つまり、ある状況に際して、「何をすべきか」に対して動機を与えるのは二次的原理であって、功利原理は「なぜすべきか」にかかわると言い換えてもいいかもしれない。私たちは、普段の生活において、いわば裁判官として、さまざまな二次的原理によって物事を判断し、二次的原理同士が衝突、ないし、二次的原理の信頼性がゆらいだときには、立法家として、第一原理としての功利原理に訴えればよいということになるだろう。

さて、この章では、ミルの自由を中心とした主張と功利主義にかかわる主張との関係を考えてきたわけだが、結局のところ、その関係はどのようなものであっただろうか。

まず、前節において確認したのは、ミルの自由の擁護論は、本人の幸福の増大または幸福の一部として、また、社会の利益や進歩といった視点から擁護されているということであった。また、本節で確認したように、危害原理と功利原理は並列的な関係ではなく、役割としても、異なるレベルにあり、ミルにおいては、階層的に理解されている[18]ということであった。つまり、ミルの自由の主張の背景には功利主義的な、つまり、幸福への考慮があるということであり、自由は幸福の手段として、あるいは、幸福そのものとして求められているということになる。そして、このことから導きだせることは、私たちが本書において取り扱っている市民社会についても、ミルは、功利主義に基づく市民社会を、あるいは全体の幸福という観点から市民社会を考えているだろうということである。

次の章では、ミルが理想とする市民社会がどのようなものかについて考えていきたい。

# 注

（1）OL, p. 224
（2）この三つの区分については、以下のものを参照した。
関口正司『自由と陶冶――J・S・ミルとマス・デモクラシー』（みすず書房　一九八九年）三七一－三八〇頁
佐伯宣親「J・S・ミルにおける自由と功利主義」（『九州産業大学国際文化学部紀要』第一八号、二〇〇一年）
（3）OL, p. 229
（4）Ibid., p. 260
（5）Ibid., p. 263
（6）Ibid., p. 261
（7）OL, p. 267
（8）U, pp. 236-237
（9）U, p. 225
（10）Ibid., p. 226
（11）Ibid., p. 247
（12）Ibid., p. 247
（13）Ibid., p. 255
（14）SL, p. 844
（15）Ibid.

(16) Ibid.

(17) U, p. 226

(18) 功利原理と二次的原理の関係に関して、このように階層的に理解した人物にバーガーがいる。行為功利主義的に考えるならば、行為の道徳性（正／不正）の決定はその帰結によってなされるが、実際困難である。それゆえ、「戦略として」功利を最大化するような二次的規則を行為の導き手として採用すると論じている。F. R. Berger, John Stuart Mill on Justice and Fairness, pp. 404-405

# 第七章

# ミルの市民社会

これまでの議論において、自由に関する主張や功利主義に基づく主張をおこなう際に、個人ないし市民にせよ、行為者にせよ、ミルがどのような存在を念頭に置いて議論をしているのかということが明らかになった。また、前章で議論したように、自由に関するミルの主張は、功利主義的な基盤の上に、すなわち、幸福、さらには社会全体の幸福への関心に下支えされていたということも明らかになった。

そこで、本章では、ミルが望ましい社会として、どのような社会を描いているのかを明らかにしていきたい。つまり、ミルが自由な社会、そして、望ましい市民社会について考えるときに、どのような社会をイメージし、それをどのように実現しようとしているか、ということを問題にする。

この「どのような」に答えることは、ある意味、簡単であるかもしれない。これまでの考察の中で出てきた「個性の発展」「自己陶冶」「公共精神の陶冶」などの言葉と重ね合わせるならば、ミルの関心は、一貫して、「陶冶」「発展」にあるということはすぐに理解できる。すなわち、ミルにとって望ましい社会とは、そうした「発展」を促す社会であった、と言っていいだろう。

次に、私たちにとって問題となるのは、そうした社会をミルが「どのようにして」実現しようと考えていたか、である。ミルは『自由論』において「危害原理」を提示し、個人の自由（市民的自由）の重要性を主張したが、自由を与えれば、つまり、自由放任にしておきさえすれば、各人が自ら陶冶すると考えたとするのは少々楽観的であるであろう。それゆえ、ミルは、さまざまな義務を課してまで、市民に公的な事柄にかかわることを求めたのである。これまで確認してきたように、ミルにとって、市民とは、あるいは、そもそも人間とは、社会の中で、他人とのかかわりの中で生活する存在であり、他人との協同を通して、非利己的な感情、すなわち、利他的な感情から行為できる存在へと陶冶していくような存在である。それゆえ、いわゆる自由主義が前提とするような自律した個人、すなわち個人の領域に閉じこもり、孤立を前提とした人間観より、ミルの人間像は実践的であり、より具体的であると言えるのかもしれない。ただ、確かにミルは、そうした社会あるいは他人との相互関係の中で自ら陶冶することの重要性を強調していたが、同時にその発展を形成し、改善を促すものとして、環境の力にも大いに注目していた。それは、「意志の自由」を問題にする際に扱ったように、性格がそれに先立つ環境によって作られることを、ミルが認めていたことからもうかがえる。

つまり、ひとは社会や他者の中にいるだけではだめなのであり、社会が人間の発展、あるいは、その卓越に貢献するような制度、ないし実践をつくる必要があるのである。そのもっとも大きなミルの提案が代議制民主主義(1)であり、さまざまな義務からなる参加の枠組みもそれに含まれると言えるであろう。

さて、これらのことをふまえた上で、ミルが理想とする市民社会、つまり、「発展」を促す社会についてより具体的に考えていくにあたり、私たちはここで「公的討論」をめぐる議論に注目したい。

というのも、この公的討論についての議論は、ミルの著述全体からすれば一部分にすぎないが、ミルはその役割を非常に重視しており、私たちがミルの思い描く自由な社会を考える上で、核になってくると考えられるからである。

## 第一節　公的討論の必要性

ミルは、『自由論』第二章「思想と討論の自由」において、単に言論の自由が認められ、意見を主張することだけでなく、その主張が批判を受け、さらに反論をするといったプロセスを、つまり、自由な討論を重視している。

では、なぜ討論は必要とされるのだろうか。この問いに対し、ミルはその必要性を二つの理由から説明している。

まず、一つ目は、認識論的な立場からの説明である。つまり、討論によって、われわれが真理を知ることができ、自らの意見の確実性を獲得することができる、ということである。そして、二つ目は、道徳的な立場からの説明で、人が討論にかかわることによって、ミルが重要だと考えるさまざまな資質を身につける、ということである。

まず、一つ目の点から見ていきたい。ミルが考えている言論の自由ないし討論の価値は、より確実な真理へ至る手段にあるといえる。前章でも少しふれたように、意見の発表を抑えることは、間違いを真理ととりかえる機会、真理と間違いとの衝突から生まれる真理の認識や生き生きとした印象を失うことにつながるのである。ミルは意見の自由とその発表の自由が必要となる根拠として、四つの理由を挙げている(2)。それは、第一に、沈黙を強いられた意見は、もしかすると正しいかもしれないということ、第二に、沈黙を強いられた意見が、真理の一部を含んでいるかもしれないということ(実際、含んでいることが普通である)、第三に、たとえ一般に受け入れられている意見が真理であっても、それが討論されることがなければ、大多数の人びとは、その合理的根拠を理解し、実感することができないこと、そして第四に、真理そのものの意味が、失われるか弱められるかし、人びとに対して生き生きとした影響を及ぼすことができないこと、である。

この四つの理由から、ミルが「真理」をどのようなものとして考えているかがわかる。つまり、真理は、他の意見との衝突を経なければ、その確実性をもちえないということであり、大半の真理は「半真理」であるということである。前者について言えば、単に、ある真理の絶対性を主張することは、ミルによれば、「無誤謬性」を仮定しているだけにすぎず、その確実性を保証するものではない。その確実性を得るためには、その意見とは反対の意見を必要とするのである。

われわれの意見に反論し反証する完全な自由を認めることこそが、行動の目的のためにわれわれが自己の意見の正しさを仮定することを正当化する条件にほかならないのだ。そして、それ以外の条件では、人間能力をもった存在は、自分が正しいということの合理的保証をもちえないのである。(3)

また後者について、大半の真理は「半真理」であり、たとえ誤った意見であっても、その意見はその中に真理の一部を含んでいるという考えについて、ミルは別の箇所でも次のように言っている。

意見の相違が可能なあらゆる問題については、真理は、相争う二組の理由のあいだに見出される差額(balance)の大きさに依存している。(4)

それゆえ、意見あるいは真理は、なんらかの欠陥をはらむものでもあり、討論、つまり、われわれが他人と共同でおこなう批判の過程において十分に比較対照されることによって、その欠陥を埋め合わせる必要があるのである。ミルは、ある主張は、そうした社会的プロセスをくぐり、生き延びたときにはじめてその意見に確実性を獲得することができる、と考えている。つまり、そうした確実性の探究の場として討論を重視しているのである。

次に、討論を重視する道徳的な理由についてである。ミルは、先に見たような、討論を「真理」および意見の「確実性」を問題にする際、人間のある性質を重要視している。

人は、自分の誤りを討論と経験とによって改めることができる。経験だけによるのではない。経験がどう解釈されるべきかを明らかにするためには討論が必要である。(5)

つまり、これは先に取りあげた真理の確実性をめぐる主張とも重なる部分もあるが、ミルにとって人間とは、そもそも誤りうる存在であるということが大前提としてあり、そして、その誤りを訂正する能力を人間の尊敬すべき資質として重視しているのである。誤りうる存在としての人間は、自らの誤りを訂正するために他者を必要とする。そのことは、他者にとっても同様である。そうした人間同士が、公的な討論の場で、意見を対照することによって、お互いに自らの意見の理由や根拠をより確実なものにしていくことになるのである。

自分自身の意見を、他人の意見と対照することによって訂正し、完全にするという着実な習慣は、それを実行に移す際に、疑念や躊躇を引き起こすどころか、それに正当な信頼をおくための唯一のたしかな根拠となるのである。(6)

では、なぜ「真理」ないし意見の確実性は必要なのだろうか。それは、それらを所有していれば、あらゆる出来事とのかかわりにおいて、よく活動でき、そのことが個人や社会の幸福につながると考えられるからである。その意味では、この節の最初にあげた、公的討論の認識論的な理由も、結局のところ、人間の精神的な幸福につながるとミルが考えている点では、道徳的な立場から擁護されているといえるだろう。

さて、この誤りを訂正するプロセス、つまり公的な討論においてはまた、その能力の他に多くのものが必要とされる。自分の意見を他人の意見と照らし合わせるためには、他人に対して自分を開かなければならない。自身に向けられた批判は、必ずしも、自分にとって都合のよいものばかりではないはずであり、そうした意見に対しても、心を開かねばならない。相手の言うことをよく聞き、正当な部分を受け入れ、相手の誤りを説明することなどが求められる。つまり、誠実さや寛容な態度、相手に対する想像力をはじめとするさまざまな徳や能力を身につけることが求められるのである。ミルが公的討論において求めていることは、私たちが市民に関するミルの考えを考察した際に、ミルが求めているものとして結論したもの、つまり公共精神であり、まさに公的な討論の中で「市民が変わる」ということであると言ってよいと思われる。

そして、ミルの公的討論についての議論で非常に興味深いのは、人間だけではなく、時代もまた、誤りを免れないと主張していることである。

時代もまた個人と同様、誤りを免れえないということは、どんなにわずかな議論でも証明できるほどそれ自体明白なことである。どの時代ものちの時代からみれば、間違っているばかりか、ばかげた意見を数多く抱いていた。そして、かつて一般的だった多くの意見が、今日の時代によって拒否されているのがたしかなのと同じように、現在一般的な多くの意見が、将来の時代によって拒否されるであろうこともたしかである。(7)

つまり、公的な討論は自らの意見の確実性のためだけに求められているのではなく、社会や他人と共通する問題についても、公的な討論の場で探求し、確実性を高めていく必要があるのである。ただ、人間あるいは時代の可謬性を認めること、つまり「誤りうる」という想定は、われわれが確実な知識に到達できないということを意味するのではないだろうか。確かに、絶対的な真理や確実性を想定するならば、その通りであるだろう。しかしながら、ミルはそうしたものを想定していない。この点について、次のように言っている。

もし討論の場が開かれ続けていれば、われわれは、よりよい真理があれば、人間精神がそれを受け入れうるときがくれば発見されるものと期待することができる。そしてそのあいだ、われわれは、われわれの時代に可能なかぎりの真理への接近をなしとげたのだということに信頼してよいだろう。これ

が、誤りをおかしうる存在が到達しうる確実性の最大限であり、そしてこれが、それに到達する唯一の道なのである。(8)

さて、これまでの考察において、ミルが望ましいと考える市民社会において公的な討論を重視していること、また人びとの発展を促すためにも、自由な討論が必要であると考えていることは明らかになったように思われる。ただ、この節を終わるにあたり、公的討論の必要性が、『自由論』における、「自由」の文脈だけで求められているのではないということを確認しておく必要があるように思われる。

ミルは、功利主義の修正において、快楽の質を考慮する必要性を主張し、高級な快楽を判断する基準を、「有資格者」たちによる判断に求めた。つまり、快楽の判定をめぐって有資格者の意見が分かれたときには、討論ないし多数決に基準が求められている。もちろん、だからといって、ミルが市民に対して、有資格者であることを求めているかどうかは明らかではないが、有資格者においても討論によって確実性が担保されているのである。

また、ミルは『自伝』の中で、「私は……、すべての人々から学び取ろうとする意欲と能力にかけては同時代の大抵の人々よりもすぐれていると考えていた。私は、思想が新しいか古いかを問わず、……たとえそれが間違っていても、その底にいくらかの真理があるかも知れないとか、それを尤もらしくしていることを見出すのは真理にとって利益になるであろうと確信している人々にほとんど出会ったことがない。そこで私は、この点で役に立つことこそ自分が大いに努力する特別の義務を負っている領域だと考えていた[9]」と自らをふり返り語っている。実際、ミルが思想を形成していく上で、ロマン主義をはじめとする自分とは異なる思想を自らの思想に取り入れようとした。こうした姿勢は、上でとりあげた「半真理」や「可謬性」についての議論と通底するところがあり、この可謬主義的な人間観こそ、ベンサムの功利主義が前提としていた「人は自分自身の利益の最善の判定者である」という議論を否定したこととつながるように思われる。

つまり、ひとが「誤りを免れえないという事実[10]」に基づく公的討論の必要性は、『自由論』における個人の自由にかかわる問題だけではなく、ミルの思索の全体にわたる一貫した主張である。互いに対等な立場でおこなう討論の中で、市民が発展をしていくような市民社会をミルが描いているということである。また、そうしたことを可能にするためにも、個人の自由が求められ、自由な討論の場が社会の中に作られる必要がある。性格と環境の相互作用によって、他者を受け入れ自己が変わるような市民社会へと徐々にむかっていく、そういうプロセスをミルは重視しているといえる。

## 第二節　停止状態について

この章において私たちは、ミルが望ましいと考える社会、すなわちミルの市民社会について考察しているわけだが、ここでは、その同じ問題を考えるにあたり、これまでと少し違った角度、すなわち、ミルの経済学の議論に注目してみたい。ここまでは『自由論』をはじめとする、ミルの後期の著作を中心に、主に倫理（道徳）、政治的側面に目を向けてきたが、本節では、中期にあたる一八四八年に書かれた『経済学原理』（全五編）に注目し、とりわけ第四編で展開される「停止状態（stationary state）」についての議論を扱っていきたい。

まず、『経済学原理』という著作について簡単に説明をしておくと、それは全五編からなり、最初の四編が理論を扱い、第五編は経済に対する政治的要素の影響が扱われている。また最初の四編のうち、第一編から第三編までが「静態論」を、第四編では「動態論」を扱っている。「静態論」とは、経済状態のある一定の時点における経済の仕組みや機能を明らかにし把握しようとするものであり、「生産」「分配」「交換」が扱われている。それに対し「動態論」とは、そうした経済状態が、時間的な推移という条件や、他の与件的な条件が加えられた場合に、どのような変化の過程をたどるかを明らかにしようとするもので[11]あり、第四編では「生産および分配に及ぼす社会の進歩の影響」

が問題とされている。

さて、私たちがこれから取りあげるのが「停止状態」である。停止状態とは経済成長の停滞した状態、つまり資本と富、および人口が増大傾向をもたず、同じレベルを維持していく経済状態のことを言う。現代的な用語を使うならば「低成長」ならびに「ゼロ成長」ということになるだろう。この停止状態に関する章はわずか六ページあまりの短いものであるが、この「停止状態」に関する議論にミルが理想的とする社会を垣間見ることができるように思われる。

ミルによれば、経済的進歩はそもそも無制限ではなく、「どのような終点へ」ということを問題にせざるをえないと言う。そして、その終点には停止状態が存在し、富の一切の増大はただ単にこれの到来の延期にすぎず、前進の途上における一歩一歩はこれへの接近であり、またこの終点は非常に接近しているという認識を示している。(12)

では、なぜ無制限の成長はありえないのかというと、その理由は人間の経済活動が土地の有限性から逃れることができない、すなわち、自然的制約を受けざるをえないからである。例えば、経済成長にともない人口が増加すると、食料需要が増加する。しかし、それを生産するための土地は限られ、また生産量も限られている（収穫逓減）ため、食料価格は上昇し、また、土地の稀少化にともない地代も上昇することにもなる。また、同時に労働賃金の上昇などをともなうことにもなり、次第に得られる利潤率は低下していくこととなる。そうなると、よりいっそうの成長を求める動機が存在しなくなり停滞するということになるというわけである。

こうした人口学的な限界と生態学的な限界に基づく停滞への認識は、ミル独自の考えというよりは、アダム・スミス以降の古典派経済学者に共通の認識であった[13]。かれら（そしてそこにベンサムと父ジェームズ・ミルも含まれる）は、こうした状態に対し嫌悪を示し、忌むべきものと評価していた。例えば、スミスは三つの社会状態をあげ、次のように言っている。

労働貧民の状態、すなわち大多数の人民の状態が最も幸福で最も快適であるように思われるのは、社会が富の全量を獲得しつくしたときよりも、むしろ富のいっそうの獲得をめざして前進している進歩的状態（the progressive state）にあるときである。労働貧民の状態は、静止的状態（the stationary state）においてはつらく、衰退的状態（the declining state）においてはみじめである。実際のところ、進歩的状態こそ社会のすべてのさまざまな階級にとって楽しく健全な状態である。静止的状態は活気に乏しく、衰退的状態は憂鬱な状態である[14]。

それに対し、ミルは停止状態（右の引用文中では静止的状態）を「今日のわれわれの状態よりも非常に大きな改善となる[15]」として、むしろそれを望ましいものとして歓迎する。というのも「資本および人口の停止状態が、必ずしも人間的進歩の停止状態を意味するものではない[16]」からである。ミルは停止状態を、人間的進歩の観点から、量的増加を伴わない質的改善の問題として論じている。

では、ミルは、停止状態ということで、どのような社会を考え、どういう意味において、人間的進歩に寄与すると考えていたのだろうか。

まず、ミルが停止状態によってもたらされると考えた一つ目は、経済的闘争の消滅という点である。ミルが、当時の産業社会の風潮に対して否定的な態度を見せていたということはこれまでにも触れた通りであるが、ミルはそうした風潮をふまえ、次のように言っている。

自らの地位を改善しようと苦闘している（struggling）状態こそ人間の正常な状態である、また、今日の社会生活の特徴となっているものは、互いにひとを踏みつけ、おし倒し、おし退け、負いせまることであるが、これこそ最も望ましい人間の運命であって、決して産業的進歩の諸段階中の一つが備えている忌むべき特質ではない、と考える人々がいだいている、あの人生の理想には、正直に言って私は魅力を感じないものである。(17)

これは経済活動においてよく見られる競争／闘争状態であり、産業社会の背景にある考え方である。ただ、ミルはこのように言いつつも、経済成長や競争を完全に否定しているのではないことには注意をむけておく必要があるだろう。ミルはこうした競争社会を是とする状態が、文明の進歩の途上における必要な一段階であることは認めている。つまり、社会発展のある場面、つまり後進国の場合などではこうした形での成長が不可欠であると考えていた。しかしながらここでミルが問題にしているのは、「単なる生産の増加」(18)にすぎないものが、生産力信仰と呼んでいいほど過度に重要視されている点にある。また、競争についても、精神的に活性化している方が、仮眠状態よりも望ましいと考えており、ミルが問題にしているのは競争ではなく闘争（争い）の方であるといえる。(19)しかしながら、こうした競争状態についても、社会的完成に属するものではなく、理想状態ではないとして、あまり高く評価していないことは確かである。というのも、このような状態においては、人びとの関心が、自己利益や立身出世の追求といった狭い領域に集中していき、さらに、そこから生産の増大と富の蓄積を増大することは、結局、その豊かさを誇示すること以外の快楽を生まない消費を促すか、多数の個人が中産階級へ成り上がること、また有業の富裕者から無職の（働かなくてもよい）富裕者への成り上がりを促すことにしかならないのである。ミルにとって人間の望ましい状態とは次のようなものである。

人間性にとって最善の状態はどのようなものかといえば、それは、だれも貧しいものはおらず、そのため何びともっと富裕になりたいと思わず、また他の人たちの抜け駆けしようとする努力によって押し返されることを恐れる理由もない状態である。(20)

では、こうした状態を実現するために、ミルは何が必要だと考えたのだろうか。それは生産や蓄積の増加を手放し、よりよい分配を実現することにあった。当時のイギリス社会は、工業的には資本家と労働者、農業的には資本家と労働者と地主階級に明確に分かれ、工業的には資本家が、農業的には地主だけが富裕化する流れにあり、貧富の格差やそれにともなう知的・道徳的退廃といった多くの問題が表面化していた。つまり、富の増大にもかかわらず、人びとのあいだの所得や生産物の分配は不平等であり、国の富の増大と民衆の生活の向上とが著しくアンバランスな状態であった。ミルは、そうした富めるものをますます富まし、貧しいものをますます貧しくしている現状に対し批判の目を向け、よりよき分配にむけて、経済的進歩（生産と利潤の増大）だけを求める考え方の根底にある利己的な蓄積欲、そしてそれを支える私有財産制度を問題としている。

ミルは『経済学原理』第二編第一章の中で、共産主義（Communism）について検討し、それを「財産の共有と生産物の平等な分配の制度」[21]として高く評価している。ミルの私有財産制度に対する批判の重要なポイントの一つは、その原理がいまだかつて正しい試験を受けていない（特に、イギリスにおいて）という点にある。ミルによれば、近代ヨーロッパの社会制度は、公正な分配の結果、あるいは勤労による獲得の結果である財産の分配をもってではなくして、征服と暴力の結果としての財産の分配からはじまったものである。そして、それはわざわざ不平等を拡大し、すべての人が公平にスタートして競争するのを妨げているものであった。この点についてミルは、もちろん完全な平等は不可能であるとしつつも、もしも立法が富の集中ではなくして、その分散を促進し、巨富を累積させるように努めないなら、私有財産の原理は、必ずしも物的社会的弊害を伴わなかっただろう、[22]とも言っている。

ミルの考える「停止状態」において経済的に求められるのは、富の蓄積ではなく、公正な社会制度に基づくよりよい分配である。よりよい分配が保証されないかぎり、そして、富の蓄積への欲望が抑えられないかぎり、質的な改善は望めないということになる。

このように、停止状態によって、個々人は経済的な利潤追求や自己利益の追求に駆り立てられることがなくなり、経済的闘争がなくなるという点で望ましいと考えている。

次に、停止状態がもたらすとミルが考えているものの二つ目は、（質的な改善ともかかわる）人間に適度な孤独を与えるという点である。例えば、ミルは次のように言っている。

> 人間にとっては、必ずいつもその同類のまえに置かれているということは、よいことではない。孤独というものがまったく無くなった世界は、理想としては極めて貧しい理想である。孤独――時おりひとりでいるという意味における――は、思索または人格を深めるためには絶対に必要なことであり、自然の美観壮観のまえにおける独居は、思想と気持ちの高揚……を育てる揺籃である。[23]

ミルは、この引用において、思索や人格を深めるためにも孤独、とりわけ自然の前における孤独を重視し、そうした孤独を妨げるものとして、ミルは人口の増加（過密化）を問題としている。経済的進歩に伴い人口が増加することによって、ひとりでいることができなくなり、絶えず誰かの前に自分の身を置くことになる。

確かに、当時の社会状態からみれば、また技術の向上と資本の増加を仮定すれば、世界にはさらなる人口の増加を受け入れることは可能であった。しかし、ミルはそれを望ましいと考える理由はほとんどないと考えている。なぜなら「人類が協業および社会的接触の両者から生ずる利益のすべてを最大限度まで獲得しうるために必要とされる人口の密度は、……すでに到達されている[24]」からである。そして、その増えた分の人口を養うために食料をはじめとするさまざまな生産物のための土地が必要になり、自然を利用し、破壊していくことになる。つまり、人口の増加とそれに伴う経済活動は、結局のところ、自然が自発的に活動するための余地と、ひとが思索と人格を深める余地の両方を奪うことになってしまうのである。

また、経済的進歩にともなうさまざまな技術改良は、本来、労働を節約することによって時間が得られ、その時間によって「人生の美点・美質を自由に探求する」ことを可能にするはずのものであった。しかしながら、実際のところ、短縮された時間は、新たな経済活動や、自己利益のための闘争に振り向けられることになる。

それゆえ、先にあげたような余地を残すこと、本来の意味での技術改良をもたらすこと、そして人が成功することに熱中しなくなったときに生活の仕方が改善するという意味において、ミルは人口制限が絶対的に必要であると主張している。(25) ミルは、自然がそのままのすがたで活動することが人間に大きな満足をもたらすという点から停止状態に入ることを求めているのである。この点について、次のように言っている。

また自然の自発的活動のためにまったく余地が残されていない世界を想像することは、決して大きな満足を感じさせるものではない。人間のための食料を栽培しうる土地は一段歩も捨てずに耕作されており、花の咲く未墾地や天然の牧場はすべてすき起こされ、人間が使用するために飼われている鳥や獣以外のそれは人間と食物を争う敵として根絶され、生垣や余分の樹木はすべて引き抜かれ、野生の灌木や野の花が農業改良の名において雑草として根絶されることなしに育ちうる土地がほとんど残されていない――このような世界を想像することは、決して大きな満足を与えるものではない。もしも地球に対しその楽しさの大部分のものを与えているもろもろの事物を、富と人口との無制限なる増加が地球からことごとく取り除いてしまい、そのために地球がその楽しさの大部分のものを失ってしまわなければならぬとすれば、しかもその目的がただ単に地球をしてより大なる人口――しかし決してよりすぐれた、あるいはより幸福な人口ではない――を養うことを得しめることだけであるとすれば、私は後世の人たちのために切望する、彼らが、必要に強いられて停止状態にはいるはるかまえに、自ら好んで停止状態にはいることを。[26]

先に述べたように、ミルによれば、経済的な進歩の無制限の成長はありえず、このまま経済成長を目指すならば、おのずと終点である停止状態にいたることは不可避である。こうした事態を避けるためにも、その手前で、自ら「停止状態」に入ることを求めていると言える。

さて、ミルはこの停止状態に理想的な社会を見出しているが、ここからはミルがこの停止状態の議論を通して、何を主張しているのかについて、あらためて整理しつつ、ミルの停止状態に関する議論から何を引き出すことができるのかについて考えていきたい。

まず、ミルの議論から引き出せることとして、停止状態がもたらす、人間の知的道徳的改善ということがあげられるだろう。先に見たように、停止状態においては、競争に駆り立てられないことによって、そして、適度な孤独があることによって、道徳的進歩のための余地ができ、ミルの言葉を使えば「人生の美点美質を自由に探求すること（to cultivate）[27]」が可能になる、ということである。資本主義的な市場経済社会は、利潤追求を唯一の目的とするきわめて単純な社会であるゆえに、人びとの関心は、自己利益や立身出世の追求といった狭い領域に集中していく。そうした状態から抜け出す一つの解決策が、経済成長の停止にあったといえる。ミルが当時の社会に対して抱いていたのは、精神的道徳的な人間的紐帯の喪失という危機感であった。利潤追求に邁進する当時の社会は、ミルにとって、人間性、すなわち人間の質的側面の軽視として映ったに違いない。また、そうした社会においては、他者は単なる競争相手となり、その関係が排他的になってしまう。それゆえ、ミルは停止状態によって、その中での人間のあり方を問い、経済生活のなかに道徳的な関係を取り戻すこと、そして、つねに他人のことを、全体のことを考える余地ができることに期待していたといえるだろう。

さらに、ミルの議論から引き出すことのできるもう一つの論点は、停止状態論が宿命論ではなく、経済成長の先に不可避的におとずれる停止状態に至る前に、自ら「停止状態」に入ることを求めた点に関係する。ミルが「停止状態」の議論を通して問題にしているのは、「成長状態か停止状態か」ということではなく、「いつ停止状態にはいるか」という問題である。つまり、ミルは私たちに対して、その選択を示し、その選択をせまっているのである。

ミルが言うように、停止状態はすぐそこにまできている現実であり、資本主義経済にとって、少なくとも古典派経済学にとって、資本・人口・生産がいずれ停止する状態に至ることは不可避である。その意味で停止状態は「宿命」である。しかしながら、ミルが主張するように、自ら好んで「停止状態」に入るということは、それは「必然」の問題として考えることができるということである。つまり、「停止状態」は抵抗不可能な宿命としてではなく、因果法則をどの程度知り、制御するのかという人間の自由の問題となるのである。[28]

つまり、停止状態に入ることを先延ばしすることには何の利益もなく、停止状態に入るかどうかを選択するということは、最大幸福のために経済成長を制御する選択をするということにもなるだろう。つまり、停止状態論は、単に経済論として展開されているのではなく、道徳の問題として、つまり功利主義の観点から展開されているのである。また、こうした選択の問題は、公的な問題として、われわれの社会が引き受け、考え、結論を出すべき問題であり、持続可能な社会として、どのような社会を作っていくのか、物質的な欲求の否定を含めた、どのような対策をとるのか、について議論できる社会を形成していく必要があることを示唆していると言えるだろう。

## 第三節　公的討論と自己陶冶

さて、本章では、ミルが望ましいと考える市民社会として、どのような社会を考え、それをどのようにして実現しようとしていたのか、またその社会を支えているものは何かを明らかにしようと試みた。ミルが「どのような」社会を考えているのかについては、比較的簡単に答えることができた。つまり、ミルの関心が、一貫して「陶冶」や「発展」にあることを根拠とし、「発展を促す社会」

として結論づけた。

では、「どのようにして」の部分に対して私たちはどのように答えればよいだろうか。結論を先に述べるならば、それは「公的討論によって」そして「自己陶冶によって」ということになるだろう。すでに確認したように、ミルは『自由論』の中で、言論の自由とともに、自由な、あるいは、公的な討論を重視していた。その理由としては、私たちがもちうる真理は大半が「半真理」にすぎないこと、また、私たちがもっている意見がどれだけ正しい意見であったとしても、反対の意見との衝突をふまえないかぎり、それは意見の片方しか知らず、結局は、その意見について何も知らないことと変らないからである。つまり、真理や正しい意見というものは、公共的な批判的吟味を経ないかぎり、確実性をもちえないのである。

また、ミルによれば、人間は誤りうる存在でもあった。それゆえ、自身の意見を、他者の意見と対照することによって、訂正し、完全にするという習慣を身につける必要がある。私たちは、自身に向けられる意見に対し、こころを開き、相手の言うことをよく聞き、相手に正当なところがあればそれを受け入れ、相手の誤りを説明することが求められ、そのプロセスを通して、自身の意見の確実性を手にすることができるのである。このプロセスの中には、他者の意見を受け入れ自分の意見が変わるということが含まれている。これは、公共精神を身につけるプロセスとして、ミルが市民に対して求めたことでもあった。

そして前節では、同じ問題を考えるにあたり、これまでの議論とまったく異なる「停止状態」の経済に関するミルの理論を考察した。一見、関連のなさそうな議論だが、一節と同じく、「自己陶冶」と「公開討論」の必要性というミルの関心が現れていたように思われる。ミルが「停止状態」という考え方を提出したのは、当時の社会が抱いていた経済的進歩という理想、あるいはそれにともなう人間の理想像が、人びとの精神的道徳的な人間的紐帯の喪失をまねくという危機感を抱いたからであった。ミルは、停止状態に自ら入ることによって得られる「経済的闘争の消失」や「適度な孤独」によって、人が他人に押し退けられたり、抜け駆けをされたりという心配をせずに、「人生の美点美質を自由に探求すること」が可能となり、人びとが自己利益だけにとらわれず、利他的な感情を身につけるということを期待したと言えるだろう。また、停止状態に自ら入るということは、必然論として、人はその社会にかかわっていくことができるだけではなく、他者と共通の利害の上に成り立つさまざまな問題を考えていく必要もあり、それゆえ、公開の討論が求められることになるといえる。

以上の結果、ミルが望ましいとする市民社会は「公的討論」と「自己陶冶」によって実現し、それらのプロセスの中で変わろうとする市民によって支えられているということが明らかになった。つまり、市民は社会の中で形成され、市民は逆に社会を作りかえていく、そうした相互作用を通して、望ましい市民社会は形成されるといえる。

## 注

（1）マクファーソンは、ミルが民主主義を支持する理由が、積極的に参加する刺激を与える点にあった、と言っている。
　マクファーソン『自由民主主義は生き残れるか』（岩波新書　一九七八年）八六頁

（2）OL, pp. 257–258

（3）Ibid., p. 231

（4）OL, p. 244

（5）Ibid., p. 231

（6）Ibid., p. 232

（7）OL, p. 230

（8）Ibid., p. 232

（9）A, p. 253

（10）OL, p. 229

（11）四野宮三郎『J・S・ミル』（日本経済新聞社　一九七七年）三七–三八頁

（12）PE, p. 752

（13）森茂也「J・S・ミルの停止状態と技術と倫理」または「J・S・ミルの停止状態とその現代的意義」を参照（森茂也『古典派経済成長論の基本構造』同文堂出版　一九九二年所収）

（14）Adam Smith, An Inquiry into The Nature and Causes of The Wealth of Nations, CHARLES E. TUTTLE COMPANY, 1979, p. 81（大河内一男訳「国富論」『世界の名著三一　アダム・スミス』中央公論社　一九六八年、一五四頁）

(15) PE, p. 754
(16) Ibid., p. 756
(17) Ibid., p. 754
(18) Ibid., p. 758
(19) 例えば、続く第七章において、社会主義者の見落としている点として、競争が固有の弊害を伴うとしても、それはより大なる弊害を防止もしており、進歩への刺激として考えられうる最良のものではないかもしれないが、現在においては必要な一刺激であると言っている（PE, pp. 794–795）。
(20) PE, p. 754
(21) Ibid., pp. 203–204
(22) Ibid., pp. 207–208
(23) PE, p. 756
(24) Ibid., p. 756
(25) ミルは、公平な制度の下での生産によって得られる所得や生産物の、一人ひとりに対する十分な分け前が獲得できなくなるという経済的な理由からも、人口制限の必要性を主張している。
(26) PE, p. 756
(27) Ibid., p. 755
(28) ミルは『論理学体系』第六巻第二章「自由と必然」の中で「必然」という語の使われ方を問題とし、必然がわれわれにとって抵抗不可能な「宿命」を意味するのではなく、因果関係における単なる「継起の斉一性」の問題として、つまり抵抗する要因がなければそういう結果に至るという意味でとらえ、必然に対し、人間の意志の介入を認める（SL, p. 839）。
　この区別ないし停止状態が功利主義的な根拠に基づいていることを指摘するものとして、以下のものを参照。

船木恵子「J・S・ミル「自然論」の思想」（研究年報『経済学』六二巻四号、東北大学　二〇〇一年）

# おわりに

　ここまで、ミルの望ましいと考える市民社会について、倫理、政治、経済といった領域におけるミルの自由に関する主張と功利（幸福）に関する主張を取りあげ、それらを支える人間観に注目するかたちで考察をおこなってきた。ミルが市民社会を考えるにあたって、とりわけ重視していたのは、ひとが非利己的な（利他的な）感情から行為することであり、それを可能にする「自己陶冶」と「公的討論」というプロセスであったと言える。これまで、ミルの自由主義は、「危害原理」によって、不干渉としての消極的自由を擁護するものとして主に解釈され、そこから、他者に危害を加えないかぎり、各人が何をしようとも、その自由は認められなければならないという「自己決定」の根拠として持ち出されてきた。しかし、そうした議論は、ミルの意志の自由（こう言い換えてよければ、発展の自由）や社会の領域における自由、ならびに社会への積極的な参加を促している点にあまり注意を払ってこなかったと言える。ドナーは、ある論文の中で、ミルが自由主義の歴史において分水嶺の人であり、一方で、自由主義の先人の流れを何とか存続させようとしつつ、他方で、自由主義の核となる概念や原理のいくつかを広げ再構成し続けようとしていることに、一般的な同意があると言っているが[1]、実際のところは、やはり先人、つまりアダム・スミスをはじめとする、自由放任の特徴をもつ古典的自由主義者の流れの中で解釈されてきたと言ってよいだろう。しかしながら、『功利主義論』をはじめとするミルのいくつかの著作に目を通すならば、ミルの関心が「自由」だけではなく、「陶冶」「発展」「教育」「進歩」などにあることはすぐに理解できるのである。

また他方で、これまで私たちが見てきたように、ミルの卓越性や徳への関心、つまりミルが市民に対して参加を促し、市民が公共精神を身につけることを求めるという理由から、主に、政治哲学の分野において、共和主義に引きつけてミルの自由主義が解釈されることもある。[2] 共和主義の考え方について、ごく簡単に説明をすると、共和主義とは、その特徴の一点目として、公的生活への「参加」を強調し、その市民は「徳」を備えていることが求められる。また、二点目としては、その政治は「共通善」の実現に向けられ、その実現（公益）は「私益」の実現に優先されなければならない[3]という考え方である。確かに、この特徴だけを見れば、ミルの主張したことと類似しているし、また、ミルのギリシア的なものへの関心などを考えると、重なるところもあるのかもしれない。しかしながら、ミルは政治や公的な事柄への「参加」を強調してはいるものの、徳をもつことを強制しているわけではない。むしろ、それらが価値を持つのは自発的になされ、かつ社会に利益をもたらすことがなければ意味がないとミルは考えている。また、共通善をめざすことに関しても、ミルが問題にしているのは、公益と私益の一致であり、私益を犠牲にした公益などは考えていない。それゆえ、共和主義的なミル解釈は、確かにミルのある一側面を言い当てているのかもしれないが、それでもってミルの主張と解釈するには無理があるように思われる。ミルの自由および参加をめぐる議論は、個人すなわち市民の自由で多様な発展からなる社会を目指しているのである。

前章でも確認したように、ミルが理想として描く望ましい市民社会とは、発展を促す社会であった。そしてそれは公的討論とそれにかかわる人びとの自己陶冶によって支えられていた。ひとが抱く意見は大半が半真理であるがゆえに、人びとは討論の中で、自分の意見と他者の意見とを対照させ、自らの意見を批判的に吟味することで、確実性を獲得していく。また、そのプロセスの中で、ひとは他者を認め、配慮することを通して、非利己的な感情から行為できる存在へと陶冶していくのである。もちろん、それは自分の意見にかぎったことだけではなく、他者と共有する問題についても同様であり、他者と共同で確実性を追求するようになるのである。しかしながら、それは強制によってなされるのではなく、そうした自己陶冶は、あくまで自分自身に対する義務として、すなわち自分自身の徳としておこなわれるのである。ただ、公的討論にかぎらず公的な事柄に参加をしたとしても、実際、その中で市民が、ミルが期待した方向に変わるかどうかは確かに微妙である。ただ、それゆえにミルは、性格と環境の相互作用を強調したといえるだろう。つまり、人間の性格は環境の中で形成され、またその人間は逆に環境を作りかえていくのである。そのように考えれば、ミルが「危害原理」によって保護した自由は、他者と共同で何かをおこなうことを可能にするための条件として考えることもできるといえるだろう。(4) つまり、市民が変わりうるというというミルの確信に支えられたミルの市民社会は、言葉を換えれば、他者を受け入れ自己が変わる社会であるとも言える。

では、こうした、そしてこれまで私たちが考察してきたミルの議論は、現代の私たちにとってどういう意味をもつのだろうか。

藤原保信は『自由主義の再検討』という著書の中で、自由主義を、経済的には資本主義を、政治的には議会制民主主義を基本とする社会であり、功利主義がその価値観をなすものであると説明しているが[5]、その説明を受け入れるならば、古典的自由主義者として、資本主義のかかえる問題を見据え、代議制民主主義を論じ、それらを功利主義で基礎づけようとしたミルは、われわれの社会の根底にいると言える。確かに、こうした時代的なつながりや制度的な類似を手がかりに、ミルの議論を顧みる意味はあると思われる。しかしながら、ここではもう少し積極的な意味で、ミルを顧みる意義について考えてみたい。つまり、これまで見たような「市民の参加」「公共精神の陶冶」「公的討論の必要性」などのミルの主張は、まさに現在の社会において、そして私たちに対して求められているものではないだろうか。

しかしながら、だからといって、私たちが政治や社会に参加すればよい、あるいは参加することそれ自体に意味があるということでもないだろう。そこからさらに、かかわった上で、何をし、何を考える必要があるのか、ということも問題になってくるように思われる。

さて、この点について考えるにあたり、文脈は異なるかもしれないが、その手がかりとして、ミルが『論理学体系』第六巻の中で論じた、サイエンス（科学）とアート（技術）の区別を使って考えてみたい。直説法、つまり「……である」という事実を示す科学と命令法、つまり「……すべし」という目的を示す技術を区別し、ミルは次のように言っている。

技術の規則（rules）と科学の理論（doctrines）との関係は次のように特徴づけることができる。技術は到達すべき目的を提案し、この目的（end）を定義し、これを科学に手渡す。科学はこれを受け取り、これを研究すべき現象または結果とみなして考察する。そうしてその原因と条件とを研究して、これを生起させうる事情の組み合わせに関する定理と共に、これを技術に送り返す。そのとき技術はこれらの事情の組み合わせを検討し、その組み合わせのいずれが人間の力によって可能か否かをしらべ、それに応じて、その目的が到達できるかどうかを宣言するのである。それゆえに前提の中で、技術が供給する唯一の前提は、初めの大前提である。それは与えられた目的の到達が望ましいと主張するものである。次いで科学がこの技術に、しかじかの行動の遂行はこの目的に到達するという命題……を貸し与える。技術はこの二つの前提から、これらの行動の遂行は望ましいと結論する。そうしてこれが実行可能でもあることを知るとき、定理を規則（rule）または実践規則（precept）に変換するわけである。(6)

この引用中にあるアートという言葉には二つのレベルがあることがわかる。一つ目のアートは、達成すべき目的を提出し、規定するものであり、二つ目は、その目的を引き受けたサイエンスが、この目的を実現するために示した法則や手段を選択し、規則や指令として示すアートである。この前者のアートと後者のアートは、それぞれ目的論的アート、実践的アートと呼ぶことができるだろう。(7) そして、現状の私たちの社会において、取りあげられているのは、主に、サイエンスと実践的アートの部分である。いやむしろ、サイエンスの部分だけといってもいいのかもしれない。

最初に問題関心としてあげた環境問題を例にとっても、それを防ぐためにさまざまな手段が提示され、どれを採用するのかが主な論点となっている。しかし、問題は、私たちの幸福にとって不可欠と考えられている「経済成長」というものが、もはや目的として機能しなくなってきており、別の目的を考える必要に迫られているということにある。目的そのものとして何を追求すべきなのか、何をわれわれの幸福と考えるべきなのか、といった目的論的アートのレベルから考える必要があるように思われる。このことは何も環境問題のような大きな問題に限らず、コミュニティやまちづくり、子育てや医療といった身近な問題についても同じであると言えるだろう。

ミルが当時の時代状況にあって取り組んだ問題は、どうやって市民社会を形成するのかということにあり、市民は社会の中で形成され、市民は逆に社会を作り変えていく、そうした相互作用を通して形成される市民社会を描こうとしていた。こうした視点は、現代を生きる私たちの市民社会を考える上で、多くの示唆を与えてくれる。つまり、ミルの市民社会論が示しているのは、さまざまな問題における目的そのものを「市民として」そして「他者と共同で」考えることの必要性である。ミルは公的討論の重要性を主張したが、これは何も、集会や討論会といったものだけを想定する必要はない。ミルの主張の核にあるのは「他者とともに考えること」であり、そのプロセスの中で「他者を受け入れ自己が変わること」である。

私たちは社会の中に、個人としてだけではなく、社会人としても存在している。ミルは個々の多様性を重視し、自分と異なる見解に対する寛容な態度を求めたが、これは個人の主義主張のぶつかり合いではなく、自立した個人同士が共通の事柄に関して、対話を通して自己を変容させ、つながっていくような市民社会を形成するモデルとなりうると言えるのではないだろうか。

ただ、最初にもふれたように、このように言ったからといって、ミルの議論をそのまま現代にあてはめればよいと言いたいわけではない。ミルが『自由論』の中で言うように、進歩とは、ある不完全な真理を、別の不完全な真理におきかえることではなく、「今までのものに何かをさらにつけ加えること」(8)である。それゆえ、今後、私たちがこれからどのようにして成熟した市民社会を築いていくのかという問題は、現状の社会をまず基本とし、そこから何を省き、何をつけ加えていくのかを考えるという問題でもある。しかしながら、現状の社会に何が足りず、何をつけ足す必要があるのかを考えるためには、現状の社会を相対化、あるいは対象化する視点がどこかに求められなければばならない。それゆえ、そうした参照軸としてミルの思索をあらためて読み直す必要があるように思われた。

では、ミルをその参照軸として私たちが現に暮らしている社会を眺めたときに、何が見えてくるのか。上で述べたこととも重なる部分もあるかもしれないが、最後に整理しておきたい。

まず、ミルの議論を通して見えてくることの一つ目は、私たちの日々の生活における社会とのつながりの希薄さがあるかもしれない。言い換えれば、公的な事柄とのつながりの希薄さである。はじめにでも述べたように、私たちの暮らしには、さまざまな問題が存在しているにもかかわらず、多くの人が、自分にかかわりのないものとして、できればかかわりたくないと思いながら生活している。しかしながら私たちが社会の中で生きている、その意味で、社会的存在である限り、私たちが生活するということは、私と社会とのつながり、すなわち公共性の次元を考えざるをえないように思われる。ミルにとって、当時の人びとの受動的性格の克服、そして、そのために市民としての「公共精神」をどう涵養していくか、ということが大きなテーマであったが、そうした市民的公共性の問題は、私たちの時代においても、そのまま大きな問題として横たわっていると思われる。

ただ、そうはいっても、現実的には、そうした関心の薄い人びとを含め、現に社会を構成する人びとがどうつながり、どういう社会を作っていくのか、を考えざるをえないのも確かである。社会とは、さまざまな考えや価値観をもった人たちが一緒に暮らしている以上、その異なる意見を調整していく場でもある。その上で、社会とどうかかわっていけばいいかということを考えると、そのかかわりにおいて重要な要素として「対話」があるのかもしれない。考え方の異なる者同士が共通の社会の中に生きていかなければならない以上、共通の事柄に関して、各人が自分の考えることを述べ、異なる意見に耳を傾け、議論・討論していくという営みがどうしても必要であると思われる(9)。その意味で、ミルを通して見えてくることの二つ目として、対話の公共的意義ということがあげられると言える。

そして、最後にミルを通して私たちの現状の社会において欠如しているものとして見えてくる三つ目は、他者の異なる意見に耳を傾け、それに納得が行くなら自分の意見を変えていく、そうした物事を批判的に吟味、探求する習慣が根づいていないこと、また、対話を通しての変容を促す場がないことがあげられる。つまり、私たちの社会に対話という営みが、そしてその文化がないということであるかもしれない。

以上、三点を通して言えることは、私たちの社会はまだ、ミルの市民社会論の手前にいることになるということになる。ただ、私たちにとってミルはあくまでも参照軸である。私たちがこれから社会とどうかかわっていくのか、あるいは、どうかかわっていけばいいのか、そして、どういう社会で暮らしたいのか、引き続きミルと共に考えていかなければならない。

## 注

(1) Wendy Donner, John Stuart Mill on Education and Democracy, p. 250

(2) 小田川大典「J・S・ミルにおけるリベラリズムと共和主義」『政治思想研究』第三号（政治思想学会 二〇〇三年）参照。

(3) 小泉良幸『リベラルな共同体――ドゥオーキンの政治・道徳理論』（勁草書房 二〇〇二年）八六頁参照

(4) この自由の解釈は、馬嶋裕『性格と自律――J・S・ミルの自由主義の倫理学的焦点』（大阪大学二〇〇三年度博士論文）の最終章に大きな示唆を得た。表現は異なるが「積極的に「善い生き方」や「徳」を共同的に追求することを促す仕組みとして「危害原理」を捉え直すことができる」と言っている。

(5) 藤原保信『自由主義の再検討』（岩波新書 一九九三年）五-六頁、一五七頁

(6) SL, pp. 944-945

(7) この区別は、深貝保則「J・S・ミルの統治と経済――人間性の把握と関連して」平井俊顕・深貝保則他『市場社会の検証――スミスからケインズまで』（ミネルヴァ書房 一九九三年）一八六頁を参照した。

(8) OL, p. 252

(9) 山田竜作「現代社会における熟議／対話の重要性」（田村哲樹責任編集『語る 熟議／対話の政治学』風行社 二〇一〇年所収）二六-二七頁参照。

## 【座談会】成熟した市民社会にむけて

さて、ここまでミルの理想とする市民社会について考察をすすめてきたが、最後に、いわば補論のような位置づけで、座談会の記録をつけておきたい。というのも、大学院生の頃からミルとかかわり、当時は文献をしっかり読んで、論文を書こうとしていたわけだが、単に文献で読むだけではなく、それが身近な問題とがどうかかわっているのか、ミルがその当時考えたことが、今の自分の生活にどうつながっているのか、ということがずっと気になっていた。言い換えると、私たちの暮らしている社会には多くの問題・課題が山積しているが、そうした問題に、受け身ではなく、一般の市民が当事者として考え、協働していくような社会をつくっていくために、ミルがどのような手がかりを提供してくれるのかが気になって仕方がなかった。

今回、本としてまとめるにあたり、一人で悶々と考えるのではなく、誰かと話をしてみようという気になった。そこで知り合いに声をかけ、座談会を企画した。ご本人たちの希望もあり、名前は伏せるが、ハーバーマスに関心を持つ研究者と哲学を勉強している大学院生とだけ紹介しておく。

座談会を通して、これからの市民社会を考える上での課題、そしてミルとのかかわりが少しは垣間見えたように思われる。

## ベランダでの喫煙問題：タバコは個人の問題か

樫本（以下K）：最近うちのマンションで、ベランダでの喫煙をどうするかということが問題になって、ベランダでの喫煙を禁止にすると管理規約に盛り込むかどうかという話がマンションの総会で出たんですよ。

A：マンションの総会で何かを決議するのも大変そうですね。ともかく、僕も昔はタバコを吸ってたので、タバコを吸う人の気持ちもわかりますけど、やっぱり受動喫煙を他の人に結果的に強いることになるので、よくないですよね。

K：この問題は、吸う人の問題、吸わない人の問題というわけではなくて、どうやって暮らしていくか、暮らし方の問題としてみんなで考えていかないといけないと思うのですが、話し合いに入ると、みなさん自分の立場からの主張とその正当性ばかりに固執して、全体を見てものを考えるって難しいなあと感じたのですが、そんな経験ないですか。

A：喫煙というのは、もともと個人の嗜好の問題ですから、「自分の好きにさせろよ」と、自分の利益の観点から意見を言いたくなるのは一応わかります。もっとも、喫煙は体によくないわけだから、それが本人の「利益」に本当になっているのか、少なくとも長い目でみて利益なのか、大きな疑問が残ります。

K：私も以前タバコを吸っていましたから理解はできます。でも、確かに、タバコを吸うことが、自分のことだけに関わる事であればそれでいいのかもしれないですが、それを不快に思っていたりする人がいるわけなので、単純に個人の嗜好の問題では済まないのではないでしょうか。特にマンションでは。

A：そうかもしれませんね。嗜好の問題と言ってしまうと、個人と個人との間になかなか共通の土俵がないことになりますし。でも、どうすればみんなが自分の正当性に固執しないということは可能になるんでしょうか。

K：そもそも私たちは社会の中で住んでて、社会にはいろんな考え方を持っている人が一緒に暮らしているわけです。そういう人たちとどうやって暮らしていくか、どう調整するか、という観点を身につけていく必要がありそうなんですよね。

Ａ：社会の中ではどうしたって利害が対立しやすい。そのときどのように利害を「調整」し、対立葛藤を制御可能なレベルに持っていくか。それって社会全体にとってすごく重要な問題ですね。私が興味をもってフォローしているドイツの哲学者・社会学者のハーバーマスも、「コミュニケーション的行為」というコンセプトを提案するかたわら、コミュニケーションを善意とか対話の観点からだけ見るのではなくて、「行為調整」の一環として現実主義的に見ているんですよね。ところで、喫煙をめぐるこの話ってもしかして、ミルの「危害原理」にもかかわる問題でしょうか。受動喫煙は健康に悪い影響を与える、つまり喫煙は他者の健康に危害を与えうると証明されているわけですから。

Ｋ：そうかもしれません。危害原理とは、簡単に言えば、成人が他者に危害を与えなければ基本的に何をしても自由であるとする個人の自由を基本とする社会の根本原理です。もちろん、この危害をどう解釈するか、つまり、タバコの煙を危害とするのか、不愉快とみるのか、難しい問題もありますが、このベランダ喫煙の問題は、個人の問題というよりはもう少し広い問題のように思います。

Ａ：そうですよね。だから受動喫煙という言葉が出てくるわけで、自分の意思にかかわらずタバコの害にさらされる人が出てくるというところを見ないといけないわけですよね。さっき、利害が対立している人たちの間の、行為の「調整」ということを言いましたが、この問題については、どういう調整の仕方がありうるのでしょう。

K：例えば、喫煙を完全に家の中（室内）だけに限るとか、完全にマンションの敷地の外に出て吸うとか、そういうことを合意の上でルール化していくことではないでしょうか。そのためには、マンションの住民が対話集会を開くことが必要になるでしょうね。でも、そもそもなんでベランダで吸うのかと考えると、家の中を汚したくないとか、臭いがつくとか、あるいは家族に文句を言われるからベランダに出るわけで、自己都合の結果じゃないですか。

A：自己都合といえばその通りで、否定のしようがありませんね。

K：その煙を他人が迷惑に感じているということであれば、何かしら考えないといけないですよね。

A：それはそうですね。他方、私思うんですけど、家の中でだけなら喫煙を認めるというのは、家族に対してなら受動喫煙を強いてもいいという事になりませんか。

K：だから家族においても話し合いが必要なのだと思います。

A：だけど、家族って、きちんとした話し合いというか、公共的な意味をもつ対話がもっとも行われにくい場ではないですか。結局は家族の中の力関係で物事が決定されてしまうのではないでしょうか。それと、例えば、奥さんが家の中でタバコを吸わずにベランダで吸いなさい、と言ったとすると、奥さんは間接的に、家の外で喫煙の害が広がることを認めている、促している事になりそうな気がしているんですけど。

Ｋ：うーん、どうなんでしょう。そういう部分も無きにしも非ずですが、おそらく、その奥さんはそこまで想像力を働かせてはいないとは思いますよ。でもそう考えると、ベランダで吸えば家族以外の人に影響があるし、家で吸えば家族に負担を強いることがあるので、タバコを吸うという一つの行為は、個人の嗜好にとどまらない問題で、他人とどうするかを考えないといけない問題なんだと思います。

## 保育所建設問題：子どもの声は迷惑か

Ｋ：ところで、最近気になっている似たような問題に、保育所問題があるんです。自分が子育て世代だということも関係しているのかもしれませんが。具体的には、保育所を建てる際に、子どもの声が騒音だとして近隣住民が反対し、理解が得られず建てられない、という問題です。この問題、新聞やテレビで見聞きしたことありますか。

A：新聞などでよく騒いでますよね。しかし、私なんかはかつて子どもを育てたことがある世代として、子どもの声が騒音だという人の気持ちはわからないです。子どもは可愛いし、何より私たちの将来の社会を支えてくれるわけですから。

K：私も基本的に同感です。でも、待機児童の問題なんかも含め、子育て世代だけの問題になっていて、子育てが終わった世代や子どもを持たない人は、全然無関心というか……。

A：あっそうか、言われてみると、やはり「喉元過ぎれば熱さ忘れる」というか、昔苦労した問題ではあるけど、子どもたちが成長した今では、自分の問題としては考えていないですね。

K：結局、あそこで反対している人たちの言い分も理解できなくはないんですけど、自分の生活のことしか考えてないように見えるし、どうやったら「地域でどう子どもを育てていくか」とか、みんなに関係する問題として考えることができるのか、という事にすごく関心があるんですよ。

A：あそこで反対している人たちも、地域で、社会で子どもを育てていくこと自体は反対しないかもしれないですね。科学技術社会論でいう「バックヤード（裏庭）問題」だよね。例えば、ゴミ処理場の建設に対して、総論賛成、各論反対になりやすいっていう、あれね。自分の家でももちろんゴミを出すので、ゴミの総量が増えるなら、ゴミ処理場をどこかに建設するのは賛成。だけど、自分の家の近くで建設計画が持ち上がると、環境が悪化することを恐れて、反対運動を起こす。保育所問題も似ているのではないですか。

K：そうだと思います。

A：でも、そういう人からすると、子どもの声は、それこそ自分たちの生活を脅かす、大げさに言えば、危害を与える音なんじゃないでしょうか。そうなると、これはミルの危害原理に引っかかる問題ですよね。それともあなたは、子どもの声は騒音には値しなくて、いわゆる受忍限度内のことであるというように考えるんでしょうか。

K：うーん、受忍限度内なのか、危害なのか、その捉え方は人それぞれなんだろうと思うのですが、自分の事だけではなくて、あるいは人それぞれを超えて社会の問題として考えていくという視点が必要なんだと思うんです。同じことばかり繰り返して恐縮ですが。

A：そうすると、それぞれの人たちが考えていることを、どこかでまとめたり、調整したりすることが必要になってくる気がします。法律というのは、そのための一つの目安としてあると思うんですけど、例えば、子どもの声が騒音かどうかという事については、法律の問題にはなかなかなりませんよね。一体、どこでどう調整すればいいんでしょう。

## 意見の違いをどこでどう調整するか

K：うーん、話し合いのテーブルですね。

A：うん、テーブルがどこにあるかという問題もあります。そして、誰が設定するのか、とか。再びゴミのことでいうと、ゴミの出し方が悪くて、カラスにつつかれて中身が周りに散乱しているケースがよくありますよね。すると、ゴミ出し場のそばの家が迷惑をこうむるんですよね、当たり前ですが。しかし、出した当人はたぶんそのことを知らないで、ルーズなゴミ出しをずっと続けるわけです。これは小さなトラブルですが、当事者が集まって、きっちり話し合える場、まさに「テーブル」があれば解決可能な問題でしょう。ところが、町内会でもなかなかそのテーブル設定ができないんです。

K：そうですね。もちろん、そういうことを地域社会の中で話し合う場がないということが問題としてあるだろうし、そういう場の中で、公共の事柄について考える作法みたいなものを身につけていくようなモデル、つまり、みんなでかかわって、話し合って、妥協点を探っていくようなことが必要なんだと思います。そうかあ、そういう場がないというのが一番の問題なんですかね。

A：今話された、地域社会で話し合う場がないということ、これは大変大きな問題だと思うんです。仮にあったとしても、市役所が用意したような制度的な場はいかにもで、誰も参加する気になれないとかね。

K：確かに、そうですね。

A：それにつけて思うのですが、ミルの時代のイギリスには、こういう公共的な問題について話し合うような場はあったんでしょうか。

K：うーん、どうでしょうか。あくまで推測ですが、古代のアゴラのようなものはなかったんじゃないかなと思います。ミル自身は、討論会とか研究会のようなものを企画したり、積極的に参加したようですし、政治的な事柄について仲間と議論していたと思いますが、こういった身近な問題を話し合ったりということはなさそうに思います。

Ａ：なるほど。私はハーバーマスの『公共性の構造転換』という本で読んだことがあるんですが、一八世紀末から一九世紀にかけて、イギリスにはコーヒーハウスという場があって、人びとがいろんな話をしたと、書いてありました。コーヒーハウスについてミルは何か語っていないんですか。

Ｋ：どうなんでしょう。おそらく当時のコーヒーハウスでは、政治や権力批判、詩や劇などの批評などさまざまな話がなされていたのでしょうけれど、ミル自身は語ってなかったように思うんですが。もちろん、サロンのような場所で、知識人たちとの交流はしていたのかもしれません。晩年は全くそういう場からは遠のいたようですが。

Ａ：ミルの生きていた時代はまだ階級社会で、ミル自身もその階級内での付き合いをしていたということですね。

Ｋ：現代に話を引き戻して申し訳ないのですが、市民たちが話し合うという意味では、近年、参加型テクノロジーアセスメントといって、社会の中で、価値判断が別れる問題について専門家、行政、市民などがコミュニケーションをとりながら共同で話し合う、市民参加型手法あるいは合意形成手法が注目されているようです。

Ａ：少し聞いたことがありますが、どんなテーマを取り上げるんですか。

Ｋ：例えば、遺伝子組換え作物や原子力発電の問題のような、専門的な領域の問題が多いようですが、市民生活にも関わり、専門家だけに判断を委ねることのできない問題を扱うようです。先ほど取り上げたベランダでの喫煙問題もそうですが、こういう大きな問題まで含めて、やはり個人という単位ではなく、市民であるということの振る舞いが、ミルが考えていることともつながっていくように思います。

## 市民と義務

Ａ：市民という言葉なんですが、例えば、古代ギリシアのポリスでは、ポリスに生きている人のうち、ごく一部しか市民ではなかったわけです。

Ｋ：そうですね。女性は市民と見なされなかったし、奴隷はもちろん違いました。

Ａ：ポリスの市民たちは、ポリスを防衛するという義務と責任と権利を負っていた。つまり、経済的余裕があって、武器や鎧を買うことができる人だけが兵士になれたし、そして、兵士になれた人だけが、市民として民会に参加し、発言することができたわけです。

K：そうですね。

A：古代ギリシアだと、共同体の要求することが近代よりも大きかった、少なくとも性質が違っていたということはあると思うんです。そういう意味で、自由という言葉の意味も近代とは少し違ったと言えるかもしれません。

K：それはミルにおいても言えることで、ミルは危害原理を提示することによって、個人の自由を擁護したわけですが、何をしてもいいわけではなく、他人がかかわる部分に関しては、さまざまな義務を要求していました。

A：例えば、どのようなことが市民の義務として要求されていたんでしょうか。

K：基本的には、社会を維持していく上で必要な任務、つまり防衛もそうだし、地域共同体の役を担うとか、そういう事柄です。要は社会を維持していく上での役割分担としての義務は担わないといけないと言っていると思います。投票もそうした義務になりますね。

A：なるほど。共同体を防衛することを含むという点では、古代ギリシアと似てますよね。

K：そうですね。

A：それと、危害原理について思うんだけど、日本人はそれを「他人に迷惑をかけない」ことと混同する傾向がありはしないでしょうか。もちろん、あなたのようなミル研究者はそんなことはないだろうけど。

K：確かに、利己的な個人が複数集まって社会を作るわけですから、誰もが安心して暮らせるために、他人の邪魔をしないことが求められるわけですが、それだけだと互いに干渉しない、無関心という方向にいっていいますからね。

A：ミルの『自由論』をたまたま読んでいて気づいたのは、彼が大勢順応主義を批判していることです。当時、極端を嫌う傾向が強くなり、「何かを強く欲求したりしない」で、「はっきりした性格を持たないことを性格の理想とする」人が多くなったようです。しかし、それはただ弱さゆえに、外面だけ規則に従っていることになる。むしろ、力強い理性に導かれた多大な「精力」（エネルギー）とか、良心的な意志に制御された強い感情とかがないとだめだ。ミルはこのように述べているんですね。

K：そうです。ミルはそれを「性格をもつ人」という言い方でとても重視しています。つまり、単に欲求や衝動に受動的に従うだけの存在としてではなく、性格をもつ存在へと自己陶冶することを求めていました。

A：「性格」ですか。英語ではどの単語を使うのですか。

K：character です。

A：ふーん、personality ではないんですね。英語で personality も性格と訳しますよね。でも personality は誰でも多かれ少なかれ持っているもので、だから悪い personality もあるわけです。でも、ミルが character という言葉を使っているということは、人格と同じで、善いものを前提としているみたいですね。だから「性格をもつ」という言い方だったのだと思います。ドイツとのつながりなどもありそうだなあ。ドイツロマン主義でも「性格」（ドイツ語で Charakter）は重要な意味を持たされていたような記憶があります。ミルはドイツ思想からかなり影響を受けていますよね。

K：はい、『自由論』の中でも、ドイツの人文主義者のヴェルヘルム・フォン・フンボルトに言及していますし、ゲーテなどの影響もかなり受けているようです。

## 自分の問題としての把えにくさ

A：あと、先ほどの科学技術コミュニケーションに関して、地域ということを言うならば、科学技術の問題は、地域のことに限定できない、地域を超える、国全体に影響が及んでくる問題が多いですよね。

K：はい。環境問題など考えれば特に顕著かもしれません。

A：これは一九世紀前半、ミルの時代のイギリスにはほとんどなかった特徴なのではないでしょうか。

K：うーん。ミルの時代は労働者階級が台頭してきた時代で、格差や貧困の問題とか、そういう個々人や小さい地域の単位で解決できないような問題が社会問題になってきた時代だったという意味では似たような状況にあったのかなと思います。なので、当然、ミルがその当時考えた市民、ないし市民社会の問題が、すごく今の時代を考える手がかりになるのではないかと思っています。

A：なるほど、そうなんですね（強いうなずき）。そういえば、マルクスとミルはほぼ同時代人なんだよね。前にマルクスの『資本論』の読書会をしたことがあるんですが、あの時代（一九世紀前半から中ごろ）のイギリスの工場は劣悪な労働環境だったようです。資本主義がすごい勢いで発展するかげで、今でいう公害の問題も発生していました。確かに彼らの時代も、今言ったような地域を超える問題があったでしょうが、しかし、現代の科学技術の問題は地球全体に及ぶ問題で、規模が圧倒的に大きいとは言えるんじゃないでしょうか。

K：確かに、現代に比べると規模は小さいですね。

A：言い換えると、政府がその問題にかかわるとか、法律で規制するとかが、多かれ少なかれ、必要なんですけれども、また、ミルの時代の労働者階級の問題にも当時の政府は対応したと思うのですが、現代の科学技術の問題は、それこそ一国の政府では解決できない問題ではないでしょうか。逆に言うと、企業も、一つの国の内部にはとどまっていないで、いわゆる多国籍企業なんかの活動もあるわけです。

Ｋ：個人と社会、個人と世界とのつながりという意味で、そうしたグローバルな問題を自分の問題として考えたり、引き受けたりすることが難しくなってきているのは事実なのかなと思います。でも、だからと言って、無関心でいいかというとそうではないと思いますし、政府に任せておけばいいということにもならないと思いますけど。

## 市民の能動性

Ａ：少し話はずれるかもしれないけれど、最近、法と倫理の関係について考えていて、コンプライアンスの話をしていいですか。コンプライアンスって言葉を聞いたことがありますか。

Ｋ：はい。医療現場ではよく使われる言葉なので聞いたことがあります。

Ａ：コンプライアンスって、本来は社会の要請に応えることだったものが、最近では、単なる法令遵守というように矮小化されて理解されています。

Ｋ：確かに病院での倫理審査や安全管理の場面などを見ているとそう感じます。法や指針さえ守っておけば問題ないというように、人をどんどん受動的にしていくというか、指示待ち人間にしていくというか、すごくそれって市民の問題にかかわっているように思います。

A：どういう点でですか。

K：うーん。能動性とか主体性の問題と言ったらいいでしょうか。おそらくミルだけでなく、いろんな人が市民あるいは市民社会を問題として取り上げる際に重視する点ですよね。

A：要するに、単に受動的に自分のこととか、社会のことを考えるだけではいけないということですね。

K：ミル自身も当時の大衆に感じた苛立ちというのも受動的な性格の蔓延や他人に対する無関心の増大に対してで、それをどう食い止めるか、変えていくのかという問題意識があったはずです。能動性ということに関して言えば、僕は学生の頃から「哲学カフェ」という活動をしてきたんです。

A：あっ、B君が来た。彼はぼくの後輩で、哲学に関心をもっているんですよ。B君、こちらKさん。今、これからの市民社会についていろいろ話をしていて、哲学カフェの活動について話題が移ったところなんだ。Ｂ君は哲学カフェって聞いたことある？

## 哲学カフェの実践とその特徴

Ｂ：哲学カフェってこの頃あちこちでやっているみたいですが、詳しくは知りません。どういうものなんですか？

Ｋ：哲学カフェとは、喫茶店などで、コーヒーを片手に、一つのテーマについて、二時間ほど話し合う、そういう場と言うか、集まりのことです。

Ａ：飲むのはコーヒーじゃなくてもいいけどね。夜、ビールを片手に話し合うのであれば、「哲学バー」になるし。

Ｂ：例えばそこでどんなテーマが出てくるんですか。

Ｋ：例えば、「幸福とは何か」とか、「人とのつながりとは」とか、そういう普段面と向かって知っている人の前で話したら煙たがられるようなテーマ、ほんと普段の日常生活で何気なく感じている疑問などがテーマで、一〇人から二〇人くらい、いろんな人が集まって二時間ほど話し合うんです。

A：私も哲学カフェは参加したことがありますけど、例えば、それを家族とするということは難しいですよね。親とか兄弟に「幸福とは何か」を話し合おうと言い出したら、それこそ煙たがられますよ。間違いなくうざいって言われるな。家族と哲学カフェって難しいですよね。

K：あんまり考えたことなかったですけど、家族とは難しいかもしれませんね。授業などで学生同士、顔見知り同士で哲学カフェをすることはありますけど、家族のように距離が近くなると難しいのかもしれません。

A：言い換えると、プライベートな空間ではなくて、多少とも公共的なテーマについて対話する空間と言うことができるでしょうか。

K：オフィシャルな場できちんと話し合うという意味では、プライベートな仲間内での会話やおしゃべりではなくて、それなりの作法をきちんと踏まえて話し合うことになるので、オフィシャルになると思います。それを、ある研究者などは、家庭などのプライベートと職場などのオフィシャルの間にあるサードプレイスとして位置づける人もいます。

B：今、作法があると言いましたけど、どんな作法があるんですか。

K：哲学カフェは、基本的に、かしこまったルールは設けないんですが、きちんと人の話を最後まで聞く、相手を誹謗中傷しない、借りてきた知識では喋らない、つまり自分の言葉で話す、その程度のルール（作法）です。別に無理に発言しなくてもいいんです。

B：ディスカッションや政治的な議論とどう違うんですか。

K：ディスカッションやディベートは、どちらが正しくてどちらが間違っているか白黒つけるというか、攻撃的、排他的なニュアンスが伴うのに対し、あくまでも哲学カフェのような対話は、相手を受け入れつつ自分も話すというニュアンスで、いわゆる合意を目指すというのではなく、むしろ他人との違いを共有することを目指す、やはりちょっと違う種類の話し合いということになるかと思います。

B：合意に達することは求めないわけですね。

K：まあ、二時間ほどで合意に達することは滅多にないし、合意を目的にしない話し合いが対話ということに一応なると思います。

B：さっきサードプレイスっていう言葉が出ましたけど、それはどういう場所のことなんですか。

K：市民社会あるいは地域コミュニティを考えるときに、家庭などのプライベートと職場などのオフィシャルの二項対立ではなくて、第三の場所として、インフォーマルな公共の集いの場を指して、例えばパブなどで、たまたま隣り合った、見ず知らずの人たちが話をし、そういうものがコミュニティや市民社会、あるいは民主主義を生み出していく上で重要だとそういう文脈で語られているようです。

B：へー、そんなんですか。

A：パブで話すなら、哲学バーになるな（笑）。

B：さっきからやたら「哲学バー」にこだわりますね。

Ｋ：哲学カフェみたいな活動が、市民がプライベートから離れて社会とつながる場として機能していると思うし、そこで対話をしながら何をしているかというと、自分と考え方の違う人たちに出会って、自分の正当性を一方的に主張するのではなく、他人の違う意見を聞きながら自分の意見を修正していく、そういう場になっているんじゃないかと思います。対話を通して市民感覚を養ったり、態度を身につけたり、そういう市民社会に向けた下地作りをしているのかなと哲学カフェをやりながら思っています。

## 他者との違いを共有する

Ａ：なるほど、哲学カフェを市民を養成する下地作りとして使う、それはなかなか有効であると思います。ただ他方で、市民社会の方向に向けてではなくて、生き方の方に向けて対話の場を活かすということはあるんじゃないでしょうか。

Ｂ：「生き方」の方に向けて対話する？　それってどんなことですか？

Ａ：私の知っている人が、がんや難病の患者さん、家族の方を対象とした哲学カフェを開いています。

そのような場であれば、今おっしゃったような、社会に向けて自分を開いていくとかいうことではなくて、自分の経験、とりわけ病気の経験を踏まえて、生と死、死と生について内省する、そしてその考え方にお互い耳を傾ける、そのようなことが行われているようです。さっきの一般的な哲学カフェとは少し趣が異なりますが。対話ではこのようなことも可能ではないでしょうか。

K：そうですね。確かに方向性は異なりますが、難病を抱えた人たちがその場にいらっしゃるということは、自分のこれまでのことを内省しておられると思うのですが、でもそこに他の人と一緒に話すという機会があることは、他者と一緒に自分のその経験を掘り下げるという意味では、同じであるようにも思います。

A：ああ、なるほど。自分を掘り下げるという点が哲学的だということですね。その人によれば、がんの当事者を対象とするその場は、いくつかの種類があって、もっと気楽なおしゃべりを中心とする場もあるらしいんです。どの病院やお医者さんがいいという情報交換とか、自分の病状や家族の対応について愚痴を言い合うとかね。それに対して、その哲学カフェの特色と言えば、病気の経験をもとに自分を掘り下げるということが特徴になると思われます。

K：哲学カフェのこと、市民、あるいは市民社会のことを念頭に置きながら話すと、そして、最初に触れた保育所問題やベランダでの喫煙問題などそうですけど、何かしら自分の意見をただ主張するのではなくて、自分の意見を吟味に晒して、新たに作り上げていく、そういうプロセスがとても大事なのかなと思います。あえて言えば、自分の意見を吟味していくようなプロセスが、ミルの公共精神の涵養などの話とつながってくるのかなと思います。自分が、なぜ哲学カフェのようなことをやってきたのか考えると、常に、背景にミルがいたように思います。

B：おおっ、言いますねえ（笑）。

A：先ほど、「他人との違いを共有する」と言っていましたが、先ほどのがんや難病の患者さんを対象とした哲学カフェでも、「違い」ということを踏まえることが大切なようです。

K：そうなんですか。

A：というのが、がんにかかられた方は、がんというものは人それぞれですべて違うんだということを言っておられて、その意味で、対話というものが外から見ると、なかなか成立しにくいように思われるわけですけれど、だからこそそれぞれの患者さんが孤立するのではなくて、自分が直面している問題について掘り下げていき、その言葉を通じて、他の当事者とのつながり、他の当事者と何かを共有する、それを発見するということがとても重要だという風に感じます。

K：とても大事な点だと思います。

B：さっきから出ているミルは他者との違いとかいうことについてどう考えているんですか。

K：基本的にミルは、人は社会の中に存在しているということが大前提で、他者とのかかわりを通して、自ら陶冶していくことで自律した個人になっていくという人間観を、そういう人間形成をすごく大事にしているんですけど、ミルが面白いのは、人間は誤りうるということを基礎においていて、ちょっと難しい言葉を使うと「可謬性」って言うんですけど、人は誤りうるので、他者から学び、修正していくような人間観を持っている。なので、そういう市民像につながっていくのではと思っています。

A：ああ可謬性ですか。それは英語でいうと何になりますか？

K：確か、fallibility でした。

Ａ：科学哲学でも、自分の主張の可謬性を認めることは基本になりますね。それどころか、ポパーという科学哲学者の思想では「反証主義」というのがあって、科学的命題の資格をもつためには、反証可能な形で述べられていないといけない。自分が間違っているケースを最初から前提するわけです。ともかく、実生活でも、独断的な人は困ります。

Ｋ：なので、人間にとって基本的に、一〇〇％正しい意見などなく、どんな意見も何らかの誤りを合わせ持っていて、仮に複数の人間で意見が対立した時に、誰かの意見に置き換えるというのではなく、それぞれが間違った部分を正しい意見に少しずつ修正していくことで、より正しい意見に近づけていく、というモデルで考えているんです。これは哲学カフェの中で行われていることもそうだし、これからの民主主義や市民社会の話にもつながっていくのかな、と思っています。

Ａ：それを聞いていると、アメリカの哲学者のデューイが「探求の共同体」という概念を出したのを思い出します。彼の場合も、人は誤りうるし、同時に成長しうるということを前提にして、知識は一人一人で完結しているわけではなくて、探求の共同体全体の中で、真理に接近していくということだったと思いますが、いかがでしょう。

Ｋ：そうですね。私もデューイのプラグマティズムとミルは同じようなことを言っているのではないかと思っていて、その真理や正しさは、絶対的なものがあるのではなく、関係する人たちで作り上げていくものなのだという、そういう発想がすごくあって、これからの市民社会を考える時に、いろいろな示唆を与えてくれるのではないかと思っています。

A：さっき名前が出たドイツの哲学者のハーバーマスも、デューイから非常に影響を受けていて、彼の場合も、真理について似たようなこと考えていると思います。「真理の合意説」と呼ばれますね。ただ、ハーバーマスの場合は絶対的な真理がない、とまでは言わなかったと思います。それを言ってしまうと、相対主義に陥ってしまうということを恐れてだと思いますが。

K：ハーバーマスはあんまりよく知らないんですけど、コミュニケーションの重要性を強調していて、公共圏について議論していますが、あれはみんなで作り上げていくという話ではないんですか。

## 社会とのかかわりの二つの次元

A：ハーバーマスの考えでは、確かに公共圏は市民が共同で作り上げていくものだと思います。その意味では、政治に、公共的なコミュニケーションを通じて市民が参加するということを、ハーバーマスはとても重視します。ただ、そうなると、市民が政治に直接参加する直接民主主義がベターなのか、いわゆる間接民主主義は必要ないのか、という話にもなりそうです。

K：そうですね。

A：つまり、公的な意思形成、共同体全体の規範をつくる際に、市民自体が意思形成に参加すべきか、それとも市民の中から投票で選ばれた代表者が参加すべきか、という点になりますけど、ハーバーマスの場合は、二つの次元があるんです。つまり、一方で、法律を作るとか、公共的な意思決定の最終的な段階は、やはり選挙で選ばれた代表者がやる。他方で、市民たちがインフォーマルな次元で、意見を形成すること、最終的な意思決定ではなくとも、さまざまな意見交換をして、言うなれば、政治的な環境を整えるということは、重視しています。ハーバーマスには、今言ったような二つの次元、フォーマルな意思決定の次元と、インフォーマルな意見形成の次元とがあるということです。

K：政治学の領域では「二回路」モデルという言い方をしたりするようです。おそらくそのインフォーマルな方、インフォーマルな意見形成の方が、ハーバーマスが念頭においている市民社会ということなんですよね。

A：はい、そうだと思いますよ。あるいは、市民による公共的な対話の下支えが必要だというべきか。

K：おそらくその二本立てで考えるという意味では、ミルも同じだと思います。

A：最近、新聞か何かで見たんですけど、地方では、そのうち、二本立ての中間ができるかもしれませんよ。総務省の有識者研究会が報告書を出し、小規模な市町村では新たに二つの仕組みを選べるよう提案したのですが、そのうち「集中専門型」では有権者が「議会参画員」として重要議案の審議に参加できるよう求めています。これが実現すれば、選挙で選ばれた議員ではない一般住民が、市町村の「意思形成」に「参画」できることになります。どう思います？

B：そうなれば面白いですけど、反対も多いんじゃないですか。

A：確かに、そうかもしれません。ところで、ハーバーマスの考えるインフォーマルな意見形成という次元という話に絡めて聞きたいのですが、ハーバーマスは政治や対話（討議）に参加する主体はもちろん重視するのですが、「発話」でき、「行為」できる主体でさえあれば違いはない、平等だと考えています。主体の「質」は問題にしないような気がします。出来上がった主体だけを見ていると言い換えてもいいかもしれない。その点、ミルは自己陶冶ということをとても強調しますよね。自己の何を陶冶させる、あるいは高めるのですか。

## 民主主義における質の問題

K：ミルは自己陶冶ということを言うわけですけど、ミルは知的能力に関しては、他者の討論や経験によって誤りを正して真理に近づいていくというモデルなので、そのプロセスを通して知的な卓越性を育むものとして自己陶冶を考えています。また、感情についても、「感情を養うのは行為だ」と言ったりしていて、さまざまな社会的実践にかかわることで、自分よりも優れた人に出会ったり、自分と全然異なる意見に触れることで、いろんな気づきを得て、それを通して陶冶していくとも考えていると思います。単に自己が高まるというのではなく、他者とのかかわりを通して高まる、そういうニュアンスがかなり強いんだと思います。

B：ということは、本を読んで勉強するよりも、社会に出て他の人たちと話し合ったり、一緒に何かをしたりすることが、もっと大切だとミルは考えていたわけですね。

K：はい。少なくとも、公共精神を養うため、という意味においては、社会的実践にかかわるということを重視していたと思います。ただ、こうした話を土台にして市民社会や、それを担う市民を考えると、かなりハードルが高いし、かなりの徳性を備えた人ということになるとも思うのですが、「市民」という存在にどういうイメージを持ってますか。

A：確かに、すべての市民にそこまでの公共精神を求めるのは少し酷ではないですかね。

K：そうですよねー。以前、目を通した文献では、民主主義を担う市民、あるいは能動的な市民というのは、理想としてはそうなんだろうけれども、現実には荷が重すぎるという意見があり、例えば「それなりの市民」あるいは「パートタイム的市民」でいいんじゃないか、という議論もあるらしいんですが。でも、現実問題としてはそうなのかもしれないけれど、やっぱりそうした徳を持った市民って必要じゃないかなと思うんです。

B：徳ってずいぶん古風な響きをもつのですが、現代社会でも徳は必要なんでしょうか。

A：アリストテレスは徳の第一に「勇気」ということを言ってますよね。古代ギリシアのポリスでは、さっきも言ったけど、ポリスの防衛ということが非常に重視されていて、敵と戦う際の「勇気」ということが、一番大切なものとされています。それは現代ではどうなんでしょう。

Ｋ：確かに「勇気」と言われると現在ではピンと来ませんよね。ただ、例えば、飲食店で店員に理不尽に絡んでいる客がいて、もめているところに出くわした時に、見て見ぬ振りをするのではなく、止めに入ることができた方がいいと感じるんじゃないでしょうか。もちろん、最近、変にかかわると何をされるかわからないので知らんぷりをする、逃げるという選択肢もあるとは思いますが、どこかに止めに入る「勇気」や「勇敢さ」のような徳が、現代でも生きているんじゃないでしょうか。

Ａ：ああ、なるほど、確かに戦争における勇気が古代では重視されたわけですが、今の市民社会でも、今のような状況などで、積極的に行為する「勇気」が求められているんですね。ということは、現代でも「勇気」やその他の徳というのが、民主主義社会の一員として大切だということになりますね。

Ｂ：しかし現実には、さまざまな人が社会にはいるし、例えば、投票にいくことが国民の義務であると言われるわけですが、行かない人もいる。また、政治について真剣に考えずに投票する人だっていると思います。そう考えると、民主主義における参加の度合い、あるいは仕方というのは、人によってさまざまなんじゃないでしょうか。

Ａ：そういえば、ミルはいわゆる複数投票制を提案していたんじゃなかったでしたっけ。

K：確かに、ミルは複数投票制を提案していました。当時の社会をどうやって改善していくかという時に、一方で、政治的無関心の増大に関しては、市民に政治参加を促すという方向で、そして他方、制度的な文脈で、教育のある人に複数票与えることで、優れた人を国政に送り込むことで社会をよくするという狙いで、複数投票制を主張していました。

B：いくら教育があるからといって、一人の人が一票以上投票する権利を持つなんて、今からは考えられません。法の下の平等に反しているじゃないですか。

K：もちろん、現在の私たちの感覚で考えるとおかしいということになりますが、それはあくまでも私たちの「ものさし」であって、違って当然だと思いますよ。大事なのは、その制度を提案することで、何にアプローチしようとしているかだと思いますよ。それに、これは半分冗談ですけど、何も考えていないチャラチャラした人と自分が同じ一票って「どうなの？」って思ったことない？（笑）

B：あります（笑）。

A：ああ、それでわかったんですけど、政治参加の問題を考える上でも、長い目で見た教育の観点と、現実的な制度の観点と、その二つの次元を使い分ける必要があるということでしょうか。

Ｋ：そうですね。対話を通して個人が自己陶冶していく、長い目で人格形成していくというだけでは必ずしも善い方向に向かうという保証はないので、それを補う意味でも、制度的な側面、文化的な側面が、車の両輪としておそらく必要なんでしょうね。

Ａ：ということは、民主主義における質の問題というのは、長い目で見て一人一人の市民が少しずつ質的に向上していくという次元と、現実的に、社会の統治（ガバナンス）の問題といったらいいのか、意思決定の問題といったらいいのか、その制度的な側面から考えて、どのような市民がどのような形で参加するかということが問われる次元と、その二つがあるということですね。

Ｋ：この二つの次元の話やこれまでの話を念頭に置きつつ、これからの市民社会についてちょっと考えたんですけど、世の中にはいろんな人がいて、それぞれが異なる意見、考え方をもっているわけですが、でもそれゆえに、共通する事柄について、自分の考えを述べたり、違う考えに耳を傾けたり、話し合っていくという要素は欠かせないと思うんです。

Ａ：それはそうだよね。

## どんな社会をつくっていくか

K：そうだとすると、自分のことだけからどう離れるか、自分が他人や社会とつながっているという感覚をどう養っていくか、ということだと思うんですよ。自分の側からも、社会の側からも。

A：それって最近よく耳にするようになったシチズンシップ教育みたいな話になるの。

K：うーん、シチズンシップ教育というと、規範的なニュアンスが強すぎて個人的には嫌なんですけど、まあそれも関係するかもしれません。

B：なんか、抽象的でわかりにくいなぁ。

K：うーん、最初に保育所問題とか例にあげて、そんなの自己都合ですよねと言ったんだけど、確かに「子どもの声は騒音だ」って文句言っている人は、社会から見れば困った人なんだけど、その人にだけ注目して、利己的な観点から離れろって言っても、あまり意味がないように思います。

Ａ：確かに、その苦情を言っている人が、家からあまり外に出ないのかもしれないし、子どもの声じゃなく、本当はお迎え時の駐車のことを気にしているのかもしれない。あるいは、生活の中で、子どもとの接点がないのかもしれないし、もしかしたら、自分の子どもとうまくいってないのかもしれない。

Ｋ：はい。ミルはどこかで「利己心」が社会に根づいているのは、現行の制度がそれを助長しているからだ、という主旨のことを言ってました。なので、問題にどう対処するかだけではなく、問題を紐解き、これからどうしていくかを、みんなと一緒に話し合う。そのためにもまずは「聴く」ということが大事なのかもしれません。

Ａ：共通の関心事について語り合うことのできる場、つまりは「対話」ということがキーワードになりそうだよね。

Ｋ：はい、その中で対話する態度も身につけないといけないだろうし、他方で、対話する仕組みや文化についても考えないといけないですね。もちろん、さっき紹介した哲学カフェは、その一つになるのではないかと考えています。

Ｂ：対話する態度、制度、文化かぁ。

Ｋ：うん、自己で変わることも必要だし、他者を受け入れるという意味では他者に対する寛容も求められる。そして社会の側、つまりは社会に共に暮らす他の人びとも同様で、そうした吟味のプロセスも受け入れていくという感じかな。自己の変容、他者への寛容、そして社会の許容という感じかなぁ。

Ｂ：なんか三段噺みたいですね。

（完）

# あとがき

本書で取り上げているジョン・スチュアート・ミルは、「危害原理」や「豚とソクラテス」の例えの紹介とともに表面的な解説がなされるだけか、あるいはカントやヘーゲルなどの大物哲学者に比べ面白みがないと見なされている。しかしながら、実は私たちの生活に大きく関わっていること、そして、これからの市民社会を考えていく上で重要な問題や課題を私たちに投げかけていることを示したかった。今考えると、学生時代からミルを読みながら、常に「対話」とか「市民」という言葉が念頭にあった。臨床哲学の博士後期課程に在籍していた二〇〇五年頃から哲学カフェをするようになったが、その時も常にミルの存在が頭にあった。本書はミルと「対話」、「市民社会」との関係に主眼を置いているため、ミルをきちんと研究している方から見れば、「ミルはそんなこと言ってないよ」という内容なども多々含まれているかもしれないし、お叱りを受けるかもしれないが、ひとまず本という形にでき、ホッとしている。

本書は、「平成二六年度大阪大学教員出版支援制度」の助成を受けている。私が大阪大学コミュニケーションデザイン・センターに在籍していた時に採択されたものである。しかし、平成二七年に現在の産業医科大学に移り、仕事と生活の環境が変化したことで、忙しさにかまけ、ズルズルと引き延ばし、今に至ってしまった。大阪大学出版会会長の三成賢次先生（私が在籍していた当時、コミュニケーションデザイン・センターのセンター長でもあった）を初め、出版会の方々には本当に申し訳なく思っている。

先にも述べたように、本書は二〇一〇年に大阪大学より博士（文学）の学位をいただいた博士論文が下敷きになっているが、こうして形にできたのは多くの人の支えがあってこそである。

まず、大阪大学の臨床哲学研究室での指導教員であり、論文審査の主査をしていただいた中岡成文先生、副査をしていただいた浜渦辰二先生、本間直樹先生（現在は、ほんまなほ先生）にこの場を借りてお礼を申し上げたい。中岡先生には、本としてまとめるにあたり、なかなか作業が進まない私に業を煮やし、親身になって相談にのっていただいた。

また、臨床哲学研究室在籍時より、研究に関する有益な意見や助言をしてくれるだけでなく、行き詰まった際の弱音やぼやきを聞き続けてくれた紀平知樹先生には感謝の思いしかない。

また、ミルを研究し始めた龍谷大学の大学院時代、そして大阪大学に移って以降も、様々な形でご指導いただいた丸山徳次先生、ならびに、私が臨床哲学研究室に来た頃から、大学の役職に就かれ、忙しくなったことで、直接研究についてご指導いただく機会は少なかったが、常に気にかけていただいた上に、書き物を通して常に刺激をいただいた鷲田清一先生に感謝申し上げたい。

そして、大阪大学出版会の川上展代さん。首の皮一枚でつながり、なんとか立ち消えにならずに済んだのは川上さんのおかげである。川上さんは臨床哲学研究室出身者で、やりにくい部分もあったとは思うが、恐るべき忍耐強さで完成まで導いていただき、本当に感謝しかない。

そして最後に、これまで、そして今も支えてくれている家族、とくに亡き父、母、妻、息子に感謝したい。

樫本　直樹

二〇一八年八月

巡る議論から」、『倫理学研究』第 35 号 2005
米原 優「J. S. ミルにおける二つの自由概念」、『思索』第 35 号、東北大学哲学倫理学合同研究室 2002
米原 優「ミルの寛容論――『自由論』における二種類のペナルティについて」、『倫理学年報』第 56 集、日本倫理学会 2007
鷲田 清一『しんがりの思想――反リーダーシップ論』角川新書 2015

日本倫理学会 編『イギリス道徳哲学の諸問題と展開』慶応通信 1991
平井 俊顕・深貝 保則他『市場社会の検証――スミスからケインズまで』ミネルヴァ書房 1993
平尾 透『功利性原理』法律文化社 1992
深貝 保則「J. S. ミルの統治と経済――人間性の把握と関連して」、『市場社会の検証――スミスからケインズまで』所収
深貝 保則「J. S. ミルの経済と倫理――科学・経済人・功利性」、『山形大学紀要』（社会科学） 1990
深貝 保則「J. S. ミルの〈多数の専制〉考（1）――トクヴィルとの関係で」、『商経論叢』第 29 巻第 4 号
藤原 保信『自由主義の再検討』岩波新書 1993
船木 恵子「J. S. ミル「自然論」の思想」、研究年報『経済学』東北大学 2001
前原 正美『J. S. ミルの政治経済学』白桃書房 1998
マクファーソン『自由民主主義は生き残れるか』岩波新書 1978
馬嶋 裕『性格と自律―― J. S. ミルの自由主義の倫理学的焦点』、大阪大学 2003 年度博士論文
馬嶋 裕「ミル倫理学説における「性格」概念の意義」、「倫理学研究」32 号 関西倫理学会編 2002
馬渡 尚憲『J. S. ミルの経済学』御茶の水書房 1997
水野 俊誠『J. S. の幸福論――快楽主義の可能性』梓出版社 2014
森 茂也『古典派経済成長論の基本構造』同文館出版 1992
森 茂也「J. S. ミルの停止状態とその現代的意義」、『古典派経済成長論の基本構造』第 14 章
森 茂也「J. S. ミルの停止状態と技術と倫理」、『古典派経済成長論の基本構造』第 15 章
矢島 杜夫『ミル「自由論」の形成』御茶の水書房 2001
矢島 杜夫『権威と自由』御茶の水書房 1996
安井 俊一『J. S. ミルの社会主義論――体制論の倫理と科学』御茶の水書房 2014
山本 圭一郎「ミルの功利主義における正の理論――功利主義の諸形態を

杉原 四郎、山下 重一、小泉 仰 責任編集『イギリス思想研究叢書 9 J. S. ミル研究』御茶の水書房 1992
関口 正司『自由と陶冶――ミルとマス・デモクラシー』みすず書房 1989
関口 正司「ミルの政治思想――『自由論』と『代議政治論』を中心に――」、『J. S. ミル研究』所収
関口 正司「功利主義と政治的思慮―― J. S. ミル『代議政治論』を手がかりに」、『政治研究』第 46 号、九州大学政治研究室 1999
関口 正司「ミルの寛容論」、『政治研究』第 47 号、九州大学政治研究室 2000
高宮 正貴「J. S. ミルにおける功利主義と教育思想の関係」、『教育哲学研究』教育哲学会 2007
高宮 正貴「J. S. ミルの功利主義は自由主義を正当化しうるか――快楽の質と美学の議論から」、『関東教育学会紀要』2008
竹井 隆人『社会をつくる自由――反コミュニティのデモクラシー』ちくま新書 2009
谷本 光男『環境倫理のラディカリズム』世界思想社 2003
田村 哲樹『熟議の理由――民主主義の政治理論』勁草書房 2008
田村 哲樹 編『語る 熟議／対話の政治学』風行社 2010
柘植 尚則『良心の興亡』ナカニシヤ出版 2003
寺崎 峻輔ほか 編『正義論の諸相』法律文化社 1980
デイヴィット・バウチャー、ポール・ケリー 編『社会正義論の系譜――ヒュームからウォルツァーまで』ナカニシヤ出版 2002
暉峻 淑子『対話する社会へ』岩波新書 2017
永井 義雄『ベンサム』研究社出版 2003
中岡 成文『増補ハーバーマス――コミュニケーション的行為』筑摩書房 2018
中岡 成文『臨床的理性批判』岩波書店 2001
長岡 成夫「ミルの心理学」、『J. S. ミル研究』所収
中村 修『なぜ経済学は自然を無限ととらえたか』日本経済評論社 1995
成田 和信「J. S. ミルの道徳性について」、『人文科学』第 3 号、慶応義塾大学日吉紀要 1988

児玉 聡『功利主義入門――はじめての倫理学』ちくま新書 2012
小林 傳司『誰が科学技術について考えるのか――コンセンサス会議という実験』名古屋大学出版会 2004
小林 傳司 編『公共のための科学技術』玉川大学出版部 2002
佐伯 宣親「J. S. ミルにおける自由と功利主義」、『九州産業大学国際文化学部紀要』第 18 号 2001
坂本 治也 編『市民社会論　理論と実証の最前線』法律文化社 2017
J. M. ロブソン・M. レーン／杉原 四郎他 訳『ミル記念論集』木鐸社 1979
J. S. ミル／川名 雄一郎・山本 圭一郎 訳『功利主義論集』京都大学学術出版会 2010
塩野谷 祐一『経済と倫理――福祉国家の哲学』東京大学出版会 2002
塩野谷 祐一「ミルの功利主義の構造」、『一橋論叢』第 86 巻第 5 号
四野宮 三郎『J. S. ミル思想の展開 I ――二十一世紀へのメッセージ』御茶の水書房 1997
四野宮 三郎『J. S. ミル』日本経済新聞社 1977
下條 慎一『J. S. ミルの市民論』中央大学出版部 2013
シュレーダー＝フレチェット 編／京都生命倫理研究会 訳『環境の倫理』上・下、晃洋書房 1993
ジョナサン・ライリー「ミル――正義について」、『社会正義論の系譜』所収
神野 慧一郎「功利主義の射程」、宇沢 弘文ほか 編『倫理とは』〈岩波講座　転換期における人間 8〉岩波書店 1989
数土 直紀『理解できない他者と理解されない自己――寛容の社会理論』勁草書房 2001
杉原 四郎『杉原四郎著作集（2）自由と進歩――J. S. ミル研究』藤原書店 2003
杉原 四郎・山下 重一 編『J. S. ミル初期著作集 1』御茶の水書房 1979
杉原 四郎・山下 重一 編『J. S. ミル初期著作集 2』御茶の水書房 1980
杉原 四郎・山下 重一 編『J. S. ミル初期著作集 3』御茶の水書房 1980
杉原 四郎・山下 重一 編『J. S. ミル初期著作集 4』御茶の水書房 1997
杉原 四郎『J. S. ミルと現代』岩波新書 1970

井上 達夫「リベラリズムの再定義」、『思想』No. 965、2004.9、岩波書店
大久保 正健「J. S. ミルの教育思想――初期思想形成における哲学的基礎――」『J. S. ミル研究』所収
大澤 真幸「〈自由な社会〉のために」、『〈不気味なもの〉の政治学』新書館 2000
小川 仁志『「道徳」を疑え！ 自分の頭で考えるための哲学講義』NHK出版 2013
奥井 現理「J. S. ミル『功利主義論』における公共の福祉を求める信条の形成」、『教育思想』東北教育哲学教育史学会 2006
小田川 大典「J. S. ミルにおけるリベラリズムと共和主義」、『政治思想研究』第 3 号、政治思想学会 2003
小田川 大典「デューイのデモクラシー論の諸問題――政治理論研究の立場から」、『岡山大学法学会雑誌』第 59 巻第 3 ・ 4 号、岡山大学法学会、2010
加藤 尚武 編『新版 環境と倫理――自然と人間の共生を求めて』有斐閣 2005
鎌井 敏和、泉谷 周三郎、寺中 平治『イギリス思想の流れ――宗教・哲学・科学を中心として』北樹出版 1998
加茂 直樹／谷本 光男 編『環境思想を学ぶ人のために』世界思想社 1994
川上 千里「寛容と他人の幸福：J. S. ミルの『自由論』は寛容論となりうるか？、『国際文化研究紀要』横浜市立大学 2004
川名 雄一郎『社会体の生理学―― J. S. ミルと商業社会の科学』京都大学学術出版会 2012
川名 雄一郎「新しい資料、新しい思想？――近年の J. S. ミル研究――」、『経済学史研究』56 巻 2 号、経済学史学会 2015
C. ウルフ・J. ヒッティンガー『岐路に立つ自由主義――現代自由主義理論とその批判』ナカニシヤ出版 1999
小泉 仰『J. S. ミル』研究社出版 1997
小泉 仰『ミルの世界』講談社学術文庫 1980
小泉 良幸『リベラルな共同体――ドゥオーキンの政治・道徳理論』勁草書房 2002

Mill, John Stuart, *The Collected Works of John Stuart Mill*, 33vols., ed J. M. Robson, University of Toronto Press, 1963-91

Riley, Jonathan, *Mill on Liberty*, ROUTLEDGE, 1998

Ross, W. D., *ETHICA NICOMACHEA*, Oxford. U. P. 1925（高田三郎 訳『ニコマコス倫理学』岩波文庫 1973）

Ryan, Alan, *THE PHILOSOPHY OF JOHN STUART MILL, 2nd. ed*, MACMILLAN PRESS LTD., 1987

Scarr, Geoffrey, HAPPINESS FOR THE MILLIAN, British Journal for the History of Philosophy, vol. 7, no 3, October 1999 ; 491-502

Skorupski, J, Why Read Mill Today?, Routledge 2006

Skorupski, J, ed., The Cambridge Companion to Mill, Cambridge University Press 1998

Smith, Adam, *An Inquiry into The Nature and Causes of The Wealth of Nations*, CHARLES E. TUTTLE COMPANY, 1979（大河内一男 訳「国富論」『世界の名著 31 アダム・スミス』中央公論社 1968）

Smith, G. W., Social Liberty and Free Agency, in *J. S. Mill On Liberty in focus* ; 239-259

Thompson, Dennis F., *John Stuart Mill and Representative Government*, Princeton University Press, 1976

Urbinati, Nadia, *Mill on Democracy : From The Atenian Polis To Representative Government*, The University of Chicago, 2002

Urbinati, N. and Zakaras, A. ed., *J. S. Mill's Political Thought : A Bicentennial Reassessment*, Cambridge University Press, 2007

Urmson, J. O., *Aristotle's Ethics*, Basil Blackwell, 1988（雨宮健 訳『アリストテレス倫理学入門』岩波書店 2004）

West, Henry R., *The Blackwell Guide to Mill's Utilitarianism*, Blackwell Publishing Ltd., 2006

Zakaras, A., John Stuart Mill, Individuality, and Participatory Democracy, in *J. S. Mill's Political Thought : A Bicentennial Reassessment* ; 200-220

泉谷 周三郎「ミルの功利主義における善と正」、『J. S. ミル研究』所収

# 引用・参考文献一覧


Bentham, Jeremy, *An Introduction to the Principles of Morals and Legislation*, J. H. Burns and H. L. A. Hart ed., Oxford U. P., 1996（関嘉彦 責任編集「道徳および立法の諸原理序説」『世界の名著 49　ベンサム／J. S. ミル』中央公論新社 1979）

Berger, F. R., John Stuart Mill on Justice and Fairness, C. L. Ten ed., *MILL'S MORAL, POLITICAL AND LEGAL PHILOSOPHY*

Berlin, Isaiah, *Four Essays on Liberty*, Oxford U. P, 1969（小川晃一他 訳『自由論』みすず書房 1971）

Crisp, Roger, *Mill on Utilitarianism*, ROUTLEDGE, 1997

Devigne, Robert, *Reforming Liberalism : J. S. Mill's Use of Ancient, Religious, Liberal, and Rpmantic Moralities*, Yale University, 2006

Donner, W., John Stuart Mill on Education and Democracy, in *J. S. Mill's Political Thought : A Bicentennial Reassessment* ; 250-274

Gouinlock, James, *Excellence in Public Discourse, John Stuart Mill, John Dewey, and Social Intelligence*, Teachers College Press 1986（小泉仰 監訳『公開討議と社会的知性　ミルとデューイ』御茶の水書房 1994）

Gray, John and Smith, G. W. eds. *J. S. Mill On Liberty in focus*, ROUTLEDGE, 1991（泉谷周三郎・大久保正健 訳『ミル『自由論』再読』木鐸社 2000）

Gray, John, Mill's Conception of Happiness and The Theory of Individuality, in *J. S. Mill OnLiberty in focus* ; 190-211

Hamburger, Joseph, *John Stuart Mill on Liberty and Control*, Princeton University Press 1999

Mendus, Susan, *Toleration and The Limits of Liberalism*, MACMILLAN, 1989（谷本光男他 訳『寛容と自由主義の限界』ナカニシヤ出版 1997）

## な行



## は行



## ま行



## や行



## ら行

## た行

## さ行

# 索　引

## あ行



## か行

樫本直樹（かしもとなおき）

1971年　大阪府生まれ。

大阪大学大学院文学研究科博士後期課程（臨床哲学）修了。博士（文学）。

大阪大学コミュニケーションデザイン・センター特任講師を経て、現在、産業医科大学医学部（医学概論教室）学内講師。

著書に『事例で学ぶ　ケアの倫理』（共著、メディカ出版、2007年／2015年）、『哲学カフェのつくりかた』（共著、大阪大学出版会、2014年）、『テキストブック　生命倫理』（共著、法律文化社、2018年）など。

---

自己陶冶と公的討論
J. S. ミルが描いた市民社会

---

2018年11月30日　初版第1刷発行　［検印廃止］

著　者　樫本　直樹

発行所　大阪大学出版会
代表者　三成　賢次

〒565-0871　大阪府吹田市山田丘2-7
大阪大学ウエストフロント
TEL 06-6877-1614
FAX 06-6877-1617
URL：http://www.osaka-up.or.jp

印刷・製本　創栄図書印刷株式会社

---



ISBN 978-4-87259-614-4 C3010